人际交往中的心理学策略

交际心理学

善交际会帮你赢得更多的机会

马 甲◎著

天津出版传媒集团

天津科学技术出版社

图书在版编目（CIP）数据

交际心理学 / 马甲著. -- 天津 ：天津科学技术出版社，2017.8（2018.8重印）
 ISBN 978-7-5576-3058-4

Ⅰ. ①交… Ⅱ. ①马… Ⅲ. ①心理交往－通俗读物 Ⅳ. ①C912.11-49

中国版本图书馆CIP数据核字(2017)第121382号

责任编辑：布亚楠

天津出版传媒集团

天津科学技术出版社出版

出版人：蔡　颢
天津市西康路35号　　邮编：300051
电话（022）23332695（编辑部）
网址：www.tjkjcbs.com.cn
新华书店经销
大厂回族自治县彩虹印刷有限公司印刷

开本 710×1000　1/16　印张14.5　字数 200 000
2018年8月第1版第2次印刷
定价：38.00元

关于人际关系，我被问到最多的几个问题往往是：

一到人多的场合，就不知道说什么，一说话就紧张，该怎么办？

喜欢一个人待着，不太喜欢社交，但又觉得这样不好，怎么改变？

为什么有的人说出来的话总是那么中听呢？

……

从来没有哪一个时期像当下这样，对人们的社交技能有着如此高的要求。如果你想在这个世界上获得更多，就必须拥有娴熟的社交技能，这样你的人生才会活出无限可能。

有些人似乎天生就带着吸引众人眼球的光芒，他们走进满是陌生人的房间，仍然可以谈笑自若；他们走到谈判桌前，对手会本能地觉察出"这个人很厉害"。如果他们是单身，人人都想跟他们约会；如果他们已婚，夫妻彼此都会享受到奇妙美好的婚姻；如果他们需要帮忙，朋友们一定会赴汤蹈火。

人是一种社会性动物，我们不能离开社会独自一人生活，因此，人际交往能力是社会生活中不可缺少的一项软技能，但它绝不是"善于交往""成功""招人喜欢"这么简单。举例来说：一个具备专业技能的人，如医学、建筑、设计等方面的专才，只可得到普通的薪水；但是假如除了具备专业技能以外，还能清晰地表达意见，妥善地处理人际关系、让他人赞同自己的想法，等等，他就有可能取得更大的成就。

可以这么说，人际交往能力是情商的一个重要部分，它涉及自我觉醒

（清楚自己的情绪、力量、弱点、价值和目标，并且利用直觉来做决定）、自我约束（控制或者引导自己混乱的情绪、冲动，以适应变化的环境）、社交技能（妥善管理关系，让人际关系朝期待的方向发展）、同理心（能够考虑别人的感受，特别是在做决定时）、动机（为了获得成就，有足够的动力去完成任务）等几种能力。当这些能力能够发展到一个理想水平时，人际关系才是协调的、适度的、和谐的。换句话说，人际关系能力不是某个特质是否突出，而是一种综合的心理能力。

然而，在当下这个时代，如何与人相处，却是很多人要面对的最大问题。我们总是怵头和陌生人见面；我们急于理解某个人，却又找不到合适的方法；我们如此渴望，但又害怕与某个人建立关系……

从某种意义上来说，随着虚拟的网络世界不断地挤压现实生活与交往的生存空间，以及地理空间上的迁移越来越频繁，我们发现，要像以前那样建立牢固的社会关系已变得十分困难。不过，只要我们愿意接纳这种状态，并且相信可以通过努力改变这种状态，我们与他人的关系就会变得真实自然、和谐稳定。

对那些希望能持久地改善人际关系的人们来说，《交际心理学》无疑是一本社交问题应急必备手册，内容涉及了社交所需技能的方方面面，包括如何从心理学角度看待你的社会关系，从交朋友到找伴侣，从发表个人观点到说服他人，从学会怎样适时说话到解决日常社交冲突问题……

可以说，这本书可以让你带着自信和勇气，充满魅力、坦然无惧地应对你身处的每一种情形，并轻松获得任何你想要获得的新工作、新朋友、新客户或者新恋情。只要你勇敢地迈出社交的第一步，坚持走下去，你就会成为名副其实的社交达人，尽享社交带来的多彩未来。

第1章 完美的人际关系从主动交流开始
——如何赢得他人的喜爱

你不去结交别人，谁会主动理你 // 002

请从开场第一分钟推销自己 // 004

瞬间叫出对方的名字更讨人喜欢 // 006

初次见面，说好第一句话至关重要 // 008

聊天时，要学会投其所好 // 011

让人接得下去的话题，才不会GAME OVER // 014

用微笑对待别人，想不热络都难 // 017

第2章 走出自己的世界，你的生命将活出无限可能
——如何轻松摆脱社交障碍

社交恐惧症：你为什么总是受别人影响 // 020

超越自卑，活出全新的自己 // 023

"孤独"这种病，是怎么害了我们的 // 025

嫉妒是破坏人际关系的"毒草" // 027

你无法改变天气，但可以控制情绪 // 029

当你不敢拒绝时，你在害怕什么 // 032

只知害羞不懂突破，终将被自己蠢哭 // 035

优柔寡断是人生最大的负能量 // 038

你的人生为什么让别人做主 // 041

第3章 突破圈子，升级你的社交层次
——如何建立有效的社交网络

找到适合自己的交际圈 // 044

交情，都是麻烦出来的 // 046

真挚的赞赏更能赢得人心 // 048

用你的热情，感染更多的人 // 051

想看清一个人，就去认识他的朋友 // 053

让自己变得有价值，喜欢你的人会越来越多 // 055

巧用方法，建立理想的人际交往 // 057

第4章 看透人心，瞬间掌控交际主动权
——如何读懂人际关系背后隐藏的秘密

每个人都有一张社交面具 // 060

目光坚定就真的没有撒谎吗 // 062

相似的人往往能成为朋友 // 064

我们都渴望得到别人的认同 // 066

你为什么不敢与别人对视 // 068

智商越高的人，越难相处吗 // 070

那些不可忽视的小动作 // 072

眼睛是藏不住秘密的 // 075

第5章 最高的情商是自有分寸
——如何保持人际交往的距离

有距离地交往,让你更得人缘 // 078

没有一种关系是永恒不变的 // 080

试图改变他人,难免会换得冷酷的绝交 // 082

没人有义务迁就你的过分 // 084

以己度人的做法是不可取的 // 086

要远离负能量强的人 // 088

建立有效的社交网络才有意义 // 090

热情有分寸,拿捏人情有轻重 // 092

毫无底线的善良,只会害了自己 // 095

给自己的秘密上把锁吧 // 097

第6章 做一个高段位的沟通者
——怎样的沟通,才是有效社交

准备越充分,越有话可说 // 100

沟通越简短越好 // 102

称呼错了,后面的话再精彩也是徒劳 // 104

无所不能的人都懂得如何措辞 // 106

使用沉默技巧,也是有方法的 // 108

随便打断他人说话,只会令人生厌 // 110

记住,你还有两只耳朵 // 112

永远让对方多说,轻松促成有效对话 // 114

争论永无赢家 // 117

第7章 和谐相处之道
——如何搞定难对付的人

有位嫉妒心重的朋友，怎么办　// 120

假如有人骗你　// 122

面对背后说人坏话的人要理智　// 124

和优秀的人在一起，你才能更优秀　// 126

对待爱发脾气之人的安全方式　// 128

留意那些过于敏感的人　// 130

怎样跟消极的人相处　// 132

第8章 人际交往就是从不间断地说服
——如何让人无条件地相信你

"满足需求"就是最好的说服　// 136

顾全别人的面子，才能掌控他人　// 139

谁都不喜欢被别人命令　// 141

说"是"之后，就不好意思拒绝了　// 143

巧借"梦想"说服，成功概率会更大　// 146

间接地指出错误，才能达到满意的效果　// 148

根据喜好，采用不同的劝解方式　// 150

不断给予肯定，没人会拒绝　// 153

第9章 别让不好意思害了你
——如何从容自信地拒绝任何人、任何事

不懂说"不",就是憋屈自己 // 156

委婉是化解一切尴尬的好方法 // 159

巧用同理心,为自己创造更大便利 // 162

善用幽默,老好人也可以说"不" // 164

借用肢体语言,助你告别被动的人生 // 166

坚守底线,才能无畏向上 // 169

空间也是一种无形的拒绝力 // 171

第10章 职场出类拔萃的秘诀
——如何拥有超强的职场人气

委婉表达不满,才不会伤感情 // 174

零天赋,照样能克服当众说话的恐惧 // 176

怎样能心平气和地接受批评呢 // 179

涉及隐私,最好管住自己的嘴巴 // 181

世界如此复杂,你要学会保护自己 // 183

拒做职场"冷场王",摆脱不会说话的悲哀 // 186

永远都不要独自用餐 // 189

最关键的那个人,往往是客户 // 191

第11章 在亲密关系中成长
——如何得到你想要的爱人与爱情

男人和女人来自不同的星球　// 194

爱情是如何开始的　// 196

爱情是最浪漫的事？瞎扯　// 198

性格迥异的两个人该如何相处　// 201

婚姻，就是一种亲密关系　// 203

用尊重获得爱，用爱获得尊重　// 205

夫妻之间最大的矛盾是什么？权力　// 207

沟通——与他/她相处的终极策略　// 210

为了他/她，你可以再亲切一点　// 212

附录

小测试1：你是哪种人际交往类型　// 215

小测试2：你擅长处理人际纠纷吗　// 217

第1章

完美的人际关系从主动交流开始
——如何赢得他人的喜爱

我们今天的社会生活跟以往完全不一样，没有主动社交的能力是不行的。社交是需要勇气的。主动的你，才是最终的赢家。

你不去结交别人，谁会主动理你

生活中，有这么一号人物，除非有事，否则从来不给别人打电话，也不发短信，更不会主动和别人聊天。主动联系别人，真的很难吗？

不愿意主动联系别人，是很多人都有的一个毛病，或者说是困扰。可是，这样的人常常被别人讽刺为"高冷"，问题真的有这么严重吗？

也许很多人会说，自己之所以不愿意主动与别人联系，很多时候是因为害怕自己的一腔热情被别人浇了冷水。假如你邀请别人逛街、看电影，一次，别人不去，两次之后，你就不会再邀请别人了。因为你不想承担别人一次又一次的拒绝给你带来的失望。假如你想找个人倾诉或是遇到麻烦需要找人帮忙，可是还没等你开口，对方就说自己在忙，尽管你能理解别人真的很忙，可是你那脆弱的小心脏却会伤得不轻。

其实，别人也不是故意冷落你，可能是因为你过于敏感了。一旦被人拒绝，你往往会告诫自己不要动不动就给别人打电话、添麻烦，有问题要自己解决。虽然不依赖外力，靠自己的力量生活很值得赞赏，但是久而久之，你主动联系别人的冲动就会被渐渐磨灭。

有的时候，很多人觉得主动联系别人是件很有风险的事。当你好不容易联系上好久不见的一位老同学，却发现彼此之间出现了断层。比如，你聊到某打车软件在大城市如何受欢迎，对方却闻所未闻；你好不容易联系上一个老朋友，结果两人都无话可说，费劲地找话题、说废话，气氛简直尴尬得要死；你热情洋溢

地给别人发消息,"最近怎么样啊",收到的回复却只有"嗯"或"啊",你可能会想这不明摆着不想和自己说话,下次就更不想主动联系别人了……

话说回来,在上学时,不管我们和同学的关系有多好,但是毕业之后就各奔东西了,天南海北,生活不再有交集,再次见面时,除了寒暄之外,再也说不出其他的话,有些生活琐事也只能自己消化。于是,我们往往会觉得尽管自己认识的人越来越多,可是交情却越来越浅,好像跟每个认识的人都很熟,但是还没有到跟对方分享自己喜怒哀乐的地步。当然,也有一种情况,万一别人确实很忙,正在忙着处理工作或是家庭琐事,这种时候,他哪有时间和心思向你报告近况啊。

不过,也有一种人,就想做一个隐形人,活在自己的世界中。他们只想安静地过自己的生活,不想让别人知道自己的动向,也不想了解别人的生活。他们对外界的人和事都没有兴趣,只是追寻自己认为的美好。在他们看来,生活中除了吃、喝、睡,任何事都是多余的。这种人觉得与其与别人联系,还不如窝在被窝里看一部电影来得自在。他们其实是懒得与别人沟通,懒得与别人交际,觉得多一事不如少一事。

总之,每个人都有自己的生活方式,每个人都会交到志趣相投的朋友,但不要忘记一点:情感是需要联系的,关系也是需要维护的。在当今这个时代,我们从来都不缺少朋友,我们缺少的或许是一种勇气。既然如此,那么何不把你有限的时间与精力花在让自己变得更优秀的交际上?当然,如果你觉得一个人也很好,就用空闲时间来做更有意义的事——看书,学习一些技能,看看外面的世界,丰富自己的生活,追求更宽的视野。

请从开场第一分钟推销自己

当你与陌生人见面时，在短短一分钟内，彼此都默默地在心里为对方打了一个分数。然而，你却再也没有第二次机会去留下第一印象。

可以肯定的是，在你进行人生中至关重要的一场商业会谈之前，你一定会做一些精心的准备。比如，弄清自己赴会的对象以及会谈的目的，借助社交网络了解对方的所有情况。当然，还包括你确保自己一定会按时到场。

在这里，我们想提醒的一点是：你在进入会谈室的一瞬间，诸如自我介绍、握手、互递名片等这些在一分钟内完成的事情，实际上才是建构良好社交商务关系非常重要的一步，也就是我们常说的"决胜第一印象"，所以请把握好开场的一分钟。

通俗来讲，第一印象就是你在一个特定的情境中会带来多少影响力。无论是在职业生涯、日常生活，还是在私人恋情中，你给别人的第一印象无疑都是非常重要的，它甚至会影响到别人对你的信赖度。

一项来自普林斯顿大学的研究表明，人们判断你是否可信，其实就在那0.1秒。也就是说，当你第一次遇见某个人的时候，即使你还没有开口说话或者双方尚未握手，对方就已经对你的可信任度有了评价。

所以，当你与别人交流时，你不要以过于谦恭、惊慌等负面情绪开场，而要以充分的自信武装自己，从而让自己以一种得体的、令人轻松的方式出现在任何场合。

通常，在多数社交活动开始时，双方都会进行自我介绍，以此来互相认识。为此，你可以通过记笔记或者重复对方名字的做法来加强记忆。在接下来的互动中，你若是能够轻松地叫出对方的称谓，则不仅能体现你对对方的尊重，而且能为自己加分。

在开启一段全新的人际关系之前，有一种礼仪，不用说话就能显示出热情、友好的待人之道，若是应用得当，则能进一步增强别人对你的信赖感。它就是彼此见面时最为普通的礼仪——握手。一个友好的握手能帮助你建立积极的第一印象，特别是在商业交流中，因为握手能让你看起来更加平易近人，帮你树立一种持久的正面印象。而且有时候一个简单的握手还能够减少因为误解而带来的消极影响。

与人交谈时，我们常常会强调要与对方有眼神交流。一个充满魅力的眼神，不仅可以让别人看到你的自信，还能很好地促进人际交往的发展。相反，如果和你谈话的那个家伙一直在东张西望，想必你一定会觉得好尴尬，好想立马逃跑。最好的办法是与每一个人都进行眼神的交流，但应该点到为止、真挚专注。

说到名片交换，有句话是这么说的，在你递送或是接受名片的那一瞬间，它就可能把你出卖了，这无疑是在提醒我们要会用名片。需要注意的是，千万不要在会面刚一开始时就迫不及待地跟人交换名片，否则，很容易给对方留下你仅仅是来谈生意的印象。

总之，你要记住，在人际交往的关键时间段，你比任何时候都要更充分地表现自己。就算你跑到了交际对象的地盘，那里依然是你的舞台；哪怕你的薪水只是那些跟你握手的人的1/10，也要将自己最真实、最自信的一面展现出来。

瞬间叫出对方的名字更讨人喜欢

我们每个人都希望能够记住自己遇到的人的名字，但是你一定遭遇过想不起熟人名字的尴尬场面。其实，只要掌握一些技能，你就可以轻松地成为一名记忆高手。

毫无疑问，交朋友的第一步便是记住并使用那个人的名字。你要明白，每个人都无比重视自己的名字，因为每个人的名字对自己来说都是独一无二的。

被记住是一种快乐，也是一种被尊重、被重视的荣誉。戴尔·卡内基就曾说："一个人的名字，对那个人来说，就是这个世界上最为动听的语言。"记住别人的名字，无论是在社交场合还是在职场，都显得格外重要。这不仅是一种礼仪，还是一项每个人都必须要掌握的基础社交技能。

关于这一点，业务员班顿拉的见解非常独到，他说："我只服务1000个客户，因为再多名字我也记不过来。这1000个人，我都能非常清楚地叫出他们的名字，从事什么职业，有什么喜好，我只需要服务好他们就够了。"

所以，当他所在的行业不再景气时，他的生活并没有受到太大的影响。因为，他有1000个忠实的可以称之为朋友的客户。记住别人的名字，是一种非常容易拉近距离的交往方式，因为你不单单是记住了一个人，更是把一份尊重和美好存在了对方的心里。

可以说，记住对方的名字是打开人脉桥梁的关键一步，但是对一些人来说，记住别人的名字却总是很困难，这里就跟大家分享一个轻松记住对方名字的技巧——5秒记忆法，大家不妨尝试一下。

第1秒：专注于对方的自我介绍

想要记住一个人的名字，第一步便是专注于对方的自我介绍，对那个人产生一个清晰的印象。当某人被介绍给你时，你需要全神贯注地听，并真正对他产生兴趣，真心实意地想要去记住对方。

第2秒：认真地倾听对方的名字

与人见面时，我们总是把注意力放在如何给别人留下一个良好的印象上，却忽略了聆听对方在说什么。其实，这样只会使对方对你的印象变差。此时，你的脑海只需要想一件事——名字。

第3秒：大声重复对方的姓名

重复的次数足够多，几乎任何东西都可以记住。当某人被介绍给你时，你就要立刻将对方的名字重复一遍，比如说："布莱妮女士，你好。"

如果对方的名字比较难记，你可以多重复几遍。但是如果你没有听清对方的名字，就应该诚恳地说："很抱歉，我没听清。能否劳驾您再说一遍？"请记住，当你在谈论一个人的名字时，无论对方是谁，都会非常乐意回答你。当然，在听的同时，别忘了用目光给予对方适当的回应。

第4秒：记住对方的名字

牢牢记住一个人名字的最佳方式，就是将那个名字给你的印象同你所见到的真实印象联系起来。比如，如果对方的名字和你所知道的某些词语或是你认识的朋友的名字有着相似之处，就赶快将这个相似点记下来。

第5秒：在交谈中提及对方的名字

若有可能，当你与对方交谈时，不妨将那个名字用上几遍，但千万别过头，或是看起来很假。比如，当你同新认识的人告别时，可以将对方的名字再重复一遍，说："幸会，布莱妮女士。"

当然，如果对方的名字真的非常特别，你也可以一边听一边把对方的名字写下来。

初次见面，说好第一句话至关重要

在与人交谈中，无论在什么场合，第一印象都是非常重要的。而如何与他人说好第一句话，更是一种关系到能否打破初次交往心理障碍的重要技巧。

当你第一次与陌生人见面的时候，你通常是怎么开始交流的呢？打个招呼？可是，然后呢？这是很多人在交新朋友时遇到的最大困惑。还有人会说，自己本身就不擅长社交，没聊几句就把自己和对方弄得很尴尬。

其实，对每个人来说，社交都是很重要的，而生活就是一个不断与人打交道的过程。有时，第一句话往往就能决定你与别人交谈的深度，一句悦耳动听的开场白很可能就会使谈话双方成为无话不谈的知己。相反，一句不中听的话，很可能会破坏谈话气氛，让你失去结交朋友的机会。

说好第一句话，就像掘井时选定的第一个地点，打好了、打准了，话题才会源源而来，长谈、深谈才有可能，更进一步的交往才会继续下去。因为人与人第一次交往时给彼此留下的印象在对方的头脑中往往占据着主导地位，这其实就是"首因效应"在起作用。在社交活动中，说好第一句话，对交谈的成功往往有着直接影响。

田中义一是一位很有名气的日本政治家，他非常善于营造温馨的交际环境，进而取得预期的交际效果。

有一次，他到北海道进行政治访问，有位穿着考究看来很像当地知名人士

的男子在欢迎的队列中向他表示问候。

　　田中义一急忙走上前去，紧紧地握住这位男子的双手，十分热情地说道："啊，您辛苦了。令尊还好吗？"那个男子感动得一时说不出话来。田中义一此次的政治访问，也因此大获成功。

　　事后，田中义一的部属对他当时的举动十分不解，忍不住问道："那位男子是谁？"田中义一的回答却出人意料："我怎么知道，但谁都有父亲吧！"

　　故事中这位政治家的交际成功，在于他选择了一个比较好的切入点，在男子心中迅速建立起了亲情意识，使男子觉得他是一个值得信赖的人，从而在心理上对他产生了认同感。无疑，这位政治家用最朴实的第一句话深深打动了男子，在尊重、关怀他人的同时，自己也得到了同样的尊重与好感。

　　比如，当你身处异地，走进一家餐厅准备用餐时，却发现餐厅的人很多，已经没有单独的空桌，你只好走到一位女客人的餐桌旁，这时，你礼貌地问了一句："你好，我能坐在这里吗？"如果对方点了点头，你就要礼貌地回复一句："谢谢，打扰了。"

　　假如你想驱散独在异乡的孤独感，想和人家聊聊天，不妨说一句："一看你点的菜，就知道你一定是来自天府之国，对吗？"这时，如果事实确实如此，对方肯定会为他乡遇故知而感到高兴，欣然地点点头。如果对方属于开朗活泼的人，说不准还会跟你聊上几句："你真是好眼力，那你又是哪里人啊？"就这样，你和眼前这位素不相识的陌生人边吃边聊，一来二去，竟然成了好朋友。

　　人生无处不相逢。与陌生人交谈根本没有很多人想象的那么可怕，完全不必过于紧张、拘谨，只要主动热情地与他们聊天，努力寻找双方的共同点就可以了。

　　初次见面，说好第一句话可以说非常关键，好的开场白能使你赢得对方的好感，迅速拉近彼此之间的距离，双方从陌生到熟悉，也就一步之遥。这就要求我们有意识地注意自己的一言一语，即使做不到口吐莲花，至少也要让别人听了舒服、开心，这样才算把话说好了。若是处理不好第一句话，则陌生人永远都是陌生人，无法成为朋友、知己。

当然，说好第一句话，并不只限于与陌生人的交往，怎样与朋友、亲人说好第一句话，尤其是在你与朋友、亲人之间出现一些矛盾的时候，能否顺利化解矛盾，第一句话更是起到至关重要的作用。为此，在开口说话之前，一定要仔细思考，言语里多融入一些关爱与包容，这样一来，即使有再深的矛盾，也会因为爱而化解。

聊天时,要学会投其所好

为人处事的时候,要多用心去感受,多用大脑去说话,而不是用心情去说话,这样做不仅能使你在人际交往中畅通无阻,而且能为你带来工作上的好运。

你是否有过这样的经历:面对陌生人时,尽管心里很愿意和对方建立一种融洽的关系,也小心翼翼地和对方搭话,但是无论你说什么,对方都是一副冷冰冰的样子,不愿和你有更多的交流。

遇到这种情况难免会让人觉得尴尬、沮丧,也许你会埋怨对方:怎么这么不给面子?也许你会自责:到底哪里出了问题?其实,与不熟悉的人在一起的时候,彼此之间肯定都会存有戒备和疏远心理,这是再正常不过的事了。

如果你希望自己的主动交流更有成效,和陌生人有进一步的沟通,就要想办法激发对方的谈话欲望,聊些让对方觉得开心的事情,做到投其所好。

美娅是一位心理专栏的资深作家。一次,她与某出版社的主编在出书条件方面进行交涉时,虽然努力尝试找出令双方都满意的条件,但是一直无法达成一致,稿件进度一拖再拖。

由于进行了长时间的商谈,双方都感到十分疲倦,于是,美娅主动约出版社的主编在一家咖啡馆见面。

主编喜欢打网球,美娅也同样喜欢,当坐下来时,美娅先开口说道:"上个周末,我到网球馆打球,可是很不顺。"话一说完,美娅就观察对方的反应。

不出所料，主编马上兴致勃勃地问："你也喜欢打网球吗？"

美娅说："我其实并不擅长，但是很喜欢，只要有时间就去打。"

主编兴奋地说："哈哈！其实我也蛮喜欢这个运动，几天不摸球手就痒痒！"

两个人一谈到感兴趣的话题，情绪就越来越高涨，不知不觉，双方还约定下次一起去打球。令美娅欣喜的是，几天后，双方便签订了合同，而且基本上都是按照美娅所希望的条件订立的。

在人际交往中，投其所好是一个非常高明的技巧，虽然在有些人看来，这样的行为过于简单粗暴，甚至无异于拍马屁，但是不可忽略的是，这一技巧十分有效。

不过，如果只是简单地附和他人的想法、观点，或是装作和对方有同样的喜好，则也许在短时间内能够有所收获，然而从长远来看，这种功利性的附和不但容易让人失去自我，而且一旦被人揭穿，还可能会带来无法弥补的负面影响。

举个例子，如果你的老板是个球迷，恰好你也有此爱好，那么工作闲暇在一起时，势必会经常谈论足球，甚至相谈甚欢。但是假如你的老板是C罗的忠实粉丝，而你恰恰讨厌C罗，如果你违背自己的本意，刻意迎合老板的话，就有些问题了。一来，你的内心肯定会觉得别扭；二来，若是今后无意中流露出自己的真实想法，则老板肯定会觉得你这个人不够真诚，这样你在老板心里的印象就会大幅减分。

在人际关系中，之所以不能以违背本心的态度投其所好，是因为人际关系并不是一时一刻的事，而是长久的交流。而且投其所好也并非单纯的附和，而是必须在对的时间、场合说该说的话，做该做的事。当然，在此之前，我们要做到彻底了解对方的个性喜好，这样才能一拍即合。

人在社会中，便是社会人，难免要与各种各样的人打交道，为此，在说话

之前，应先想一想：这样说会不会让别人感到快乐或是乐于接受呢？如果你多用心去感受，多引导别人谈论他们感兴趣的事情，例如，他的事业、他擅长的运动等，就会使对方产生一种亲切感。即使你的话不多，你的谈话也会被认为是成功的。

让人接得下去的话题,才不会GAME OVER

当我们巧妙地选择对方感兴趣的话题时,一次愉快的交谈便开始了。

相信很多人都有过这种体验:遇到不太熟悉的人时,心里总会七上八下,不知该怎样打开话匣子。虽然心里非常清楚毫无拘束地与人结识,能扩大我们的朋友圈子,让生活变得多姿多彩,但是仍然有不少人害怕和陌生人接触。

其实,不知道如何开口、不知道该说些什么,这些都是一般人的通病。比如,在求职面试时,我们拼命地想给别人留下一个好印象,却紧张得结结巴巴,不知所云;在聚会上,我们总是想不出什么风趣或是言之有物的话可说。

在交际场合,为了尽快消除生疏感,缩短彼此间的距离,建立融洽的关系,选择一个适当的话题就显得尤为重要了。而且在与人交谈的过程中,能找到对方感兴趣的话题,往往可以使谈话者更积极,从而迅速打破尴尬局面,拉近交谈双方的距离。

有一些人在与陌生人交往时,总是能很快找到话题,并获得对方的积极回应,富兰克林·罗斯福就是这样一个人。那么,他是怎样做到这一点的呢?

1931年,富兰克林·罗斯福正在准备参加第二年的总统竞选,当时很多人都非常看好这位年轻人。但是,竞选初始,罗斯福却并不顺利,虽然很多人都认识他,但是他却不认识那些人。

在一次宴会上,罗斯福发现,虽然很多人都跟他打了招呼,他也礼节性地

回应了他们,但是那些人的表情却很冷漠,丝毫看不出对他有什么好感。

罗斯福心想:不能再这样下去了,我得尽快想出一个可以接近自己不认识的人并能同他们搭话的主意。于是,他悄悄地对一位坐在自己身旁的博士说:"我很想认识这些人,但又对他们不是很了解,您能给我说说他们的大概情况吗?"

这位博士对参加宴会的人都很了解,又是罗斯福要好的朋友,所以他干脆地答应了,把那些人的情况一一讲给罗斯福听。

不出一个钟头,罗斯福就对宴会上每个人的性格、特点、爱好,曾从事过什么职业,又做了什么事情,等等,都了解得非常清楚了。

正是因为罗斯福懂得说话的技巧,所以,他与别人谈话时,总能引起对方的兴趣,在不知不觉中,罗斯福也成了他们的新朋友。

确实,在这个强调人脉关系和社交技巧的时代,迅速与陌生人找到共同的话题至关重要,尤其是在一些社交场合,经常需要跟那些平时几乎没有多少交流、不怎么感兴趣的人交谈,话题的重要性更加不言而喻了,没有话题,冷场、尴尬随时都可能发生。

那么,在与人交谈时,我们应该找一些什么话题呢?其实,找话题也有一些具体的方法可用,下面我就逐一介绍给大家。

关于天气、季节的话题

无论什么情景,交谈的双方聊一聊天气状况,绝对可行,不仅简单、方便,还容易逐渐引出一些更加自然而无伤大雅的话题。

关于兴趣、爱好的话题

如果对方是女性,则可以聊聊美容或健康等话题;如果对方是男性,则可以谈论篮球等体育运动。不过,如果双方是第一次见面,大多数人还不了解彼此的兴趣爱好,谈论这个话题就要慎重了。

关于旅行的话题

为了拉近彼此之间的距离,可以聊一聊自己最近去过的某个旅游景点,或是询问对方是否去过某地,当然,也可以向对方推荐某个旅游城市。这样便可以使话题的涉及面更广,再也不会担心冷场了。

关于健康的话题

现代人都很注重身体健康,为此你可以跟对方谈谈自己的养生经,或是最近尝试过的减肥运动,等等,这样可以让双方都谈论自己的日常生活,谈话氛围也会变得很轻松愉悦。

关于服装的话题

服装这个话题,无论是对男人还是对女人而言,都是一个不会冷场的话题。为此,你可以大大方方地赞美对方的服装搭配及身上的饰物。如果正值转季,可以聊的话题就更多了,比如说,"又要开始穿冬天的衣服了"或者"已经不用穿大衣了",等等。

关于饮食的话题

俗话说:"民以食为天。"所以饮食是一个十分容易聊起来的话题。谈话时,可以谈谈口碑很好的一家餐馆,或者当下的时蔬,或者最近吃过的一些美食等。

关于住所的话题

可以询问对方的住处,也可以告诉对方自己住在哪里,这样就可以引出更多的话题,比如地段、交通、周围景点等。如果不熟悉对方的住处,可以请对方介绍一下,通常对方会兴致勃勃地为你介绍他住的周围的一切。

总之,一个好的话题总是可以迅速打开局面,让对方愿意慢慢敞开他的心扉,拉近彼此之间的距离。有些人特别担心说错话会给对方留下一个不好的印象,其实不必多虑,记住,你们只是在聊天,又不是在讨论世界的未来,放轻松就好。

用微笑对待别人，想不热络都难

很多时候，传达感情，单单会说还不够。我们对他人微微一笑是在传达这样一种信息：我是个容易亲近的人。同时，微笑还表示你可以接受对方，无论他是谁。

在人际交往中，有一项最简单但却很有效的沟通技巧——微笑。微笑，是一种极具感染力的交际语言，不但能很快缩短人与人之间的距离，而且能传情达意。生活中，没有什么东西能比一个灿烂的微笑更能提升你的个人魅力、更能打动人心的了。

一名求职者到一家新公司应聘，看到公司设施简陋，办公环境不够体面，顿时愁容满面，提不起精神。这家公司的老板看到这位求职者的表情，也失去了继续交谈的兴趣。

而另一位求职者从进入办公室到离开办公室的整个过程中，始终面带微笑。他还对公司的老板说："我如果能来这里工作，心里会非常高兴，也一定会努力工作的。"老板听了，对他产生了好感，很快面试就通过了。

当你对别人抱以真诚的微笑时，你其实是在传递这样的信息：我很高兴认识你，我们的合作会很愉快。要知道，人类向来有投射他人情绪的倾向，如果你微笑，则对方多半也会对你报以微笑。当对方和你产生共情时，他自然会体会到你的快乐，从而更愿意接近你。

拿破仑·希尔曾说："真诚的微笑，其效用如同神奇的按钮，能立即接通他人友善的感情，因为它在告诉对方'我喜欢你，我愿意做你的朋友'，同时也在说'我认为你也会喜欢我的'。"

微笑能有效地缩短双方之间的距离，给对方留下美好的心理感受，从而形成融洽的交往氛围。可以说，微笑是人际交往中的通行证，真诚的微笑可以让他人信任我们并愿意与我们共事。试想一下，如果一位陌生人正对着你微笑，你是不是很乐意接近他？但是如果你看到的是一张"苦瓜脸"，肯定会对这种人敬而远之。

很多时候，微笑不仅仅是一种面部表情，更是一种超脱的魅力，它热情、友善，又被赋予信任和支持，给人轻松和乐观的印象，因此，一个面带微笑的人无疑会永远受人欢迎。一位美国心理学家曾做过这样一个实验：他跟踪记录了三位毕业生之后四十年的生活境况。结果发现，在毕业照上笑得最开心的学生，四十年后依然生活得很幸福、很快乐。而那位在毕业照上没有微笑的学生，日子始终过得辛酸波折。

可以说，世界上最美丽的东西就是微笑，最动人的表情也是微笑。与人交往时，请时刻保持你的微笑，它不仅能给对方留下美好难忘的印象，还能让你得到意想不到的收获。最重要的是，微笑不需要任何成本，却能收到很大的利益。

不仅如此，微笑还可以有效化解交往中的矛盾。我们与朋友或是同事相处时，难免会发生一些令人不愉快的事情，是冷眼以对，还是泰然处之？这往往取决于当事者的态度。你若大度，则对方也会对你宽容；你若耿耿于怀，则双方势必难以和好如初。俗话说："伸手不打笑脸人。"即便双方有多么深的矛盾，只要微笑面对，就能够化解。

人际交往难免会产生隔阂，微笑就具有化干戈为玉帛的作用。它虽然不是犀利的语言，却比任何语言都更加有力，就像温暖的春风一般，可以化解严冬的冰冻。不过，也许你已经注意到，并非每个人都会还你一个微笑。但是你始终不要忘记：你微笑，世界就对你微笑。

第 2 章

走出自己的世界，你的生命将活出无限可能
——如何轻松摆脱社交障碍

社会生活避免不了要有社交圈，但是有些人在社交场合的心理状态总是不佳，这就会阻碍人际关系的正常发展。而这种心理状态，实际上就是社交中的病态心理。纵然有时我们会觉得世界如此复杂、黑暗，甚至荒谬，但我们依然要选择面对复杂，保持欢喜。

社交恐惧症：你为什么总是受别人影响

我们总是害怕自己在别人面前出洋相，害怕被别人观察，甚至觉得在公共场所与人交往，也是一件极其恐惧的事。这究竟是为什么呢？又该怎么办呢？

你的身边有没有这样一些人：与人打交道时，不喜欢假惺惺地称兄道弟；喜欢和自己看得顺眼的人来往，不喜欢那些自来熟的人；一到人多的场合，就插不进话。

再接着往下看，在你的身边，兴许还会有这样一些人：有的女人说什么都不愿意自己出去逛街，若是问她原因，她竟然会说这样自己就完全暴露在所有人的目光下，会觉得浑身不自在，心里焦虑不安；有的男人在公共卫生间，一定要等到旁边没人了才肯"嘘嘘"，或者干脆直奔单独的小隔间，否则便尿不出来。

还有一种人，他们的表现更加极端，就连排队候车或是在商场购物都会有压迫感，他们不敢与人对视，别人不经意的一个眼神就能让他们陷入严重的焦虑、惶恐中，甚至发颤、出汗、心跳加速。

以上所有这些人的共同之处，就是讨厌面对人群或是害怕面对人群，对自己以外的世界有着强烈的不安感和排斥感，尤其是在不熟悉的社交生活和群体中，往往会产生焦虑和社交障碍。

实际上，这些人在私底下做这些事时并没有任何困难，只有在别人注意到他们的时候，他们的行为才会发生障碍。这就是我们经常说的"社交恐惧

症"。这些人害怕在公共场所讲话,甚至是害怕与他人进行简单的对话,害怕约会,害怕拥挤的公共休息室,害怕在他人面前写字,等等。

那么,这种社交问题是怎么产生的呢?一般来说,这与我们小时候的家庭环境有很大的关系。童年时期,我们常常会被家长要求"向爷爷奶奶问好""和叔叔阿姨说再见",可是在孩子的眼里,这些人完全是素未谋面的陌生人,然而,家长经常忽略给孩子"准备接纳"的心理缓冲时间,再加上为了表现出自己得体的教养,所以会强行要求孩子这么做。

结果,如果孩子不愿说话,或是躲在大人身后,而家长又特别好面子,孩子很有可能就会受到批评,甚至被当众责骂。殊不知,家长对孩子的过度指责极易使他们产生自卑心理,比如,在见到认识的人时,如果没有主动打招呼,就会产生羞耻感,觉得大人不喜欢自己了,进而逐步产生畏惧的情绪,害怕见到认识的人,更不敢与人对视。

生活中,不少社交恐惧症患者就是这样从小埋下了阴影,他们年幼的心里,永远也忘不了那次受到指责时家长的眼神和语气,因此在后天的成长中害怕与人接触,变得自闭。

当然,社交恐惧症并非对胆小、平庸者情有独钟,那些从小被夸赞的"别人家的孩子"、出类拔萃的精英也可能不幸中招。由于他们特别注重别人对自己的看法,又十分享受别人的鼓励与肯定,因此,如果哪一方面做得不够完美,就会对负面评价表现得异常敏感,结果整个人变得惶恐不安。

事实上,这种人害怕的不是别人,而是自己。他们把注意力高度集中于对自我的盲目要求上,一旦没有得到别人的关注或肯定,宁可选择回避社交。这样,似乎恐惧没有发生,其实对于社交的恐惧已经在其心里生根发芽了。

如果你正遭受社交恐惧的困扰,又该如何逃脱缰绳呢?首先,不妨停下来想一想,你对自己的要求是不是太高了?俗话说:"物有所不足,智有所不明。"大千世界,芸芸众生,谁都没有那么完美,当然也并非一无是处。在明确自己的长处与短板的前提下,不跟自己较劲,不对自己一味地挑剔与苛求,正视并允许自己不够完美,这才是根治社交恐惧症的良方。

不过，社交恐惧症并非很多人认为的只是人际关系问题那么简单，它会严重影响我们的工作和生活。在某些情况下，如果不接受专业治疗，则很可能会成为一种慢性甚至是终生疾病，更可怕的是，这种疾病几乎没有改善或者恢复的可能。所以，必要时，一定要寻求专业的心理疗法，通过放松心理状态来对抗这种焦虑情绪，从而达到消除社交恐惧的目的。

超越自卑,活出全新的自己

每个人都会有一定程度的自卑。我们应该如何看待自己的自卑,超越自己的自卑呢?当我们被自卑的外在原因所蒙蔽时,只有找到自卑的根源,才能真正解决问题。

你有没有这样的感受:不喜欢主动联系别人,宁愿独处;不喜欢去人多的地方,也不喜欢跟不熟的人聚会;发微信时,常常是句句斟酌,写了删、删了写,最后想想就决定不说了;周末的时候,宁愿一个人窝在家里,也不愿凑堆出去玩;越来越喜欢老朋友,越来越不喜欢结交新朋友……也许你以为自己只是不愿意参与社交,更不愿意主动与陌生人交流,其实你是有些自卑。

心理学家发现,世界上90%以上的人存在不同程度的自卑感,就连那些被大家一致认为漂亮、聪明、身材还不错的美女,也会存在或轻或重的自卑感:"我总是觉得自己配不上男朋友,跟他在一起很有压力。""我总是特别在意别人的眼神,担心别人觉得我不够好。""我厌食、不敢吃,因为我一胖就不自信。"……即使是再优秀的人,在内心的某个角落,也会藏着一点小自卑。

自卑的人时常处在焦虑、难过、不甘、痛苦中,任由糟糕的情绪消耗自己。自卑还可能遮蔽我们的双眼,让我们不能清楚地认识自己,阻碍我们跟外界的交流,影响我们的人际关系。

那么,我们的自卑感是从何而来的呢?自卑其实根源于每个人内心的最深处,与我们的原生家庭有很大关联。年幼时,如果我们的内心需求没有及时得到父母的满足,我们的内心深处就很可能会产生一种不安全感。按照美国发展心理学家埃里克森的人格发展理论，如果这时我们不能形成希望的品质，反而经常对自我产生怀疑，这很可能就会成为一个人的情结，以至于影响到成人以后的生活和人际关系。

自卑也来自于比较。生活不幸的人与身边幸福的人比较时，往往会产生自卑心理。当触及他们心底自卑的东西时，他们就会变得敏感、暴躁。谁不想活得大大咧咧、没心没肺？只是那些敏感背后往往藏着深深的自卑。很多时候，自卑，不是因为我们不够好，而是因为我们太渴望变好了。

其实，每个人都会有自卑感，有的嫌弃自己的家庭条件不好，有的抱怨自己长得太矮，有的又遗憾自己的皮肤太黑……虽说自卑会摧毁一个人，使其自甘堕落，甚至变成精神病，但另一方面，它也能使人发奋图强，力求振作，以补偿自己的弱点。所以，自卑是一把双刃剑，是使一个人成长的最好方式。

作者阿德勒在《自卑与超越》中说："我们生活在与他人的联系之中，假如因自卑而将自己孤立，我们必将自取灭亡。所以，我们必须超越自卑。"一个人家庭条件不好，长得太矮，皮肤太黑，又怎样？我们完全不必刻意地去放大它、强调它，把自己搞得像被全世界抛弃了一样，自怨自艾。所以要想超越自卑，首先要正视它，正视这种心理。

要想克服自卑，就要在其他方面建立优越感。比如，如果你长得矮，那么你可以学学穿衣搭配的技巧，让自己成为人群中一道亮丽的风景。

再比如，如果你是单亲家庭的孩子，一心想改变这种状况，父母迫于压力勉强在一起了，换来的仍然是无休止的争吵和冷战，你又回到之前冰冷的气氛中。相反，如果你承认家庭的缺陷，告诉自己这已成事实，并且努力在其他方面做得很优秀，避免以后自己的家庭重蹈覆辙，那么，总有一天，你会组建自己幸福的家庭，过着幸福的日子。

很多时候，对于令你自卑的事情，你能做得最好的就是接受它，并且提醒自己，这件事我改变不了，但是我可以将我能做好的事做到最好。人际关系问题，说到底是解决自己自卑、不自信的问题，正视你心中那个脆弱的"小孩"，亲近"他"，拥抱"他"，你会活得很自如。

"孤独"这种病,是怎么害了我们的

人生来孤独,也惧怕孤独,很少有人能够真正坦然地面对孤独,而大多数人终其一生都在寻找孤独与群居之间的一种平衡。

在社交网站日益风行的今天,我们几乎无时无刻不在用社交媒体看微信、看小说、看视频、玩QQ、搜吃喝玩乐的好去处。那么,假设你要到一个陌生的城市去生活,手里只有一张纸条,上面写着你住处的地址,你会选择寻求路人帮助,还是习惯性地拿出手机,打开电子地图自己导航呢?

相信大多数人都一定会选择后者,显然我们已经习惯了用手机解决任何事情。我们"迷"上了手机,尽管我们深知这样的行为不好,可是仍然沉溺其中,无法自拔。然而,就你在低头时,你也许并没有注意到事情原可以朝着不同的方向发展……你可能会错过一位擦肩而过的好姑娘,错过与家人围坐聊天的幸福时光,错过与朋友聚会的温暖时刻。其实,我们打开了手机,看似在享受更广阔的社交生活,实则已经关上了自己的大门。

也许很多人会说,自己在社交媒体上有数百、数千甚至数万个朋友,并且每天都会给这些人评论、点赞。但是当你看着手机屏幕上每个人的名字时,内心是否仍然会生出一种莫名的孤独感,觉得没有一个人真正了解自己?严格地说,我们患上了"孤独"这种病。

有了社交媒体和工具,人们经常会非常忙碌地参与各种社交群组和讨论,通过网络,我们也会结识许多新朋友,一个全新的网上社会似乎正在形成,但是一份最新的调查报告却显示，本应让人与人之间的联系变得更加紧密的网络社交平台，可能正在导致人类变得越来越孤独。另外，一项由英国心理健康基金会发起的调查显示，在18~34岁的年轻人中，有1/3的被调查者习惯在网络上和自己的家人及朋友联系，而非真正去探望他们，进行面对面的交流。

为什么我们花费了那么多时间与虚拟技术在一起，却极其吝啬地不愿把时间分给现实生活中的人？为什么我们对前沿科技可以抱以更多的期待，却不能与身边最熟悉的人建立亲密关系？要知道，就算是再尖端的技术，也解决不了人类的内心情感需求。就在人们夜以继日地通过社交媒体保持不间断的联系的同时，在这种看似繁忙喧闹的情景背后，每个人却经历着前所未有的孤独。

我们无法逃避网络媒体，但是我们可以放下智能手机，走入人群，感受真实的人生，因为他们就在我们的眼前，真真切切地存在着。研究孤独症的专家证实，当人们面对面接触时，脑下垂体后叶会分泌出一种类似催产素的激素，这种物质可以帮助人们减缓压力，提高信任感，激发爱的感觉。可惜的是，网络交流却难以刺激大脑产生出这种激素。

我们拥有越来越多新潮的社交工具，却越来越少地拥有一个真实的社会。很多时候，我们总是在找寻一些刻意的存在感来告诉别人"我是个合群的人"，却从来没有想过当自己周旋于"泛泛之交"时，究竟浪费了多少时间、金钱、精力和人脉。所以，与其孤独地"合群"，倒不如狂欢着"独处"，毕竟有些孤独会让人变得独特、更有主见。

嫉妒是破坏人际关系的"毒草"

不管在哪种人际关系中,嫉妒心都是一个存在的问题。无论你是嫉妒你的伴侣、朋友、家人,还是同事,恶果都是一样的。

在人类所能表达的情感当中,嫉妒可以说是最普遍、最令人感到不安的一种。任何人在任何时间都有可能被嫉妒心占据。看见自己想做的事或是想拥有的东西,别人可以轻易完成或是获得,我们往往会生出一种嫉妒的情绪。看到那些拥有天赋或社交资源的人,我们往往会对他们似乎付出很少的努力就能获得别人的关注或认可而深感不满。

我们会嫉妒别人,嫉妒他们的成功、美貌、实力、教育、爱情、金钱以及他们的生活。嫉妒可能是我们内心一掠而过的思绪,也可能是势不可挡的恐惧。在极端情况下,嫉妒还可能影响家庭关系,甚至导致众叛亲离。尽管大多数人都非常了解这一点——嫉妒会展现我们内心最阴暗的部分,但我们却从不愿承认自己是会嫉妒的人。

然而,嫉妒并非生来就是不健康的、负面的、不合时宜的情感。它是一种很正常的情感,也是拥有健康心态的证明。而且人有嫉妒心也不全是坏事,适当的嫉妒心会促人努力上进,把嫉妒当作提高自身能力素养的动力。因为只有自己表现得更好,才能更像你所羡慕的人。

只是,如果你一味地嫉妒,让人生充斥着不满的情绪,就无法享有快乐的生活。在我们父辈的那个年代,他们所能够嫉妒的范围似乎只局限在周围的小圈子里，但是现如今的时代则完全不一样了。我们在微信上、朋友圈里、QQ空间里、群消息里，随时都能知道别人过得怎么样，想逃都没办法。当我们看到曾经跟我们混得差不多，或是比我们还差的老同学一个个飞黄腾达，今天飞往法国，明天飞往迪拜，而自己还在为心中的梦想而死撑时，心里的落差会非常大。

这是一个最好的时代，在物质上远远超越以前的任何时代，但同时也是一个更容易引起人的嫉妒之心，更容易让人失去幸福感的时代。而嫉妒更是腐蚀人际关系的一棵"毒草"。只要发现别人的运气比自己好，过得比自己好，心中便会生出一种酸溜溜的感觉，说话也不自觉地尖刻起来，甚至还会做出一些违心的小动作。这样一来，谁还会同你在一起互帮互助？到头来只能伤害到自己。或是，只要看到别人发生不幸，幸灾乐祸的感觉就会油然而生。而这种情况最常发生在那些与我们有利害关系的人身上，如此一来，我们就会觉得似乎又少了一个竞争对手。

当嫉妒占据了一个人的内心时，我们的世界就会变得很孤独，它会让我们自我伤害、自我消耗并使我们断绝一切外在的帮助，将我们的优势、光芒等一切人性的亮点连根拔起。嫉妒还会让我们的思想禁闭起来，除了怨恨，我们变得一无所有。

我们要看到，虽然嫉妒心人人都有，但是嫉妒别人不如自己努力去实现生命的价值。我们不能靠嫉妒推动生命，也不能因嫉妒而停止前进。有时候，嫉妒就是一个信号，提醒我们需要好好审视自己的内心并揭开导致嫉妒的原因所在。

为此，我们每个人都应该扪心自问：我要如何规划自己的人生？我的工作是否充满了挑战与成就感？在现在的工作中，我能否获得学习与成长的机会？与别人相比，我是否有一些异于他人的突出特质？事实上，真正自信自爱的人，并不会让自己被嫉妒困扰，更不会允许嫉妒心让自己心烦意乱。

如果你正在举步维艰地应对嫉妒心或其他任何可能潜在的毁掉你的人际关系的强烈情感，请首先审视现象的本质，找出问题的根源，然后尽全力排除这些困难，并更好地改善自己的生活。

你无法改变天气,但可以控制情绪

一个人在状态不佳时,还能很好地展现自己,虽然是一项重要的社交技能,但适时放下心理防线并不是弱点的显现。

在情绪面前,很多人都有着各式各样的烦恼:"一遇到烦心事,我就哭个没完。""与他人意见相左时,我总是生气,控制不了自己的情绪。""为什么明明自己心里不爽,还一定要强迫自己控制住情绪。""和别人争执不下时,我总是抑制不住愤怒,很想爆一句粗口。""听闻别人对自己的批评时,我的负面情绪就会瞬间膨胀。""当一段恋情结束时,我常常会不由自主地哭得撕心裂肺"……

关于情绪的表达与处理方式,哪些是可以接受的,哪些是不可接受的,并没有一个放之四海而皆准的标准。但是有一点毋庸置疑——生活中充满了冲突与烦恼,人与人的交往更是如此。

在交际活动中发生冲突,如果一味地急躁、冲动、情绪失控,难免会怒从心中起,导致人际关系进一步恶化。虽说人非草木,难免会有发脾气、情绪不佳的时刻,但是失控的情绪一旦爆发,很容易让人说错话、做错事。

举个例子,如果你是下面这个故事中的那位客户,你希望和谁合作呢?

A和B分别是两家公司的业务经理,各自经过长时间的接洽、协商,客户终于同意就某个项目进行签约。但是就在正式签约的当天,客户那边突然不签了，并且诚恳地道歉，说因为公司老总对这次合作模式有新的想法与意见，需要一段时间才能做最后的决定，希望能择期再联系。

面对这一突发状况，A业务经理觉得对方是在欺骗、玩弄自己，越想越怒，越想越受打击，一气之下，忍不住对客户的采购经理大声嚷嚷，直到自己宣泄完才拂袖而去。

而B业务经理面对此种状况却表现得心平气和，他想：假使对方真的没有诚意，就算死缠烂打也无济于事；如果对方有诚意，迟早会再联络的。而且仔细推敲这位采购经理的用词，似乎也没有到完全绝望的地步，只要彼此维持良好的互动，日后必有再次合作的机会。所以，B业务经理平和地接受了客户采购经理的请求。

一周后，该客户的总经理在详细了解了具体情况后，竟然决定大幅增加采购清单上的品项、数量。

现在，假如你就是那位采购经理，又会选择哪位业务经理呢？想必很多人的答案一定是B。

很多时候，当人际关系从亲密变得紧张、从友好变为对立时，我们的负面情绪常常会瞬间膨胀，顿时变成一个暴怒、埋怨、傲慢、嫉妒的人。虽然很多人会说类似这样的话，"我知道我不该为这种小事烦恼，可我就是忍不住""我应该比现在过得更快乐"，但是不管怎样，情绪失控仍然是人际交往的一大障碍。

在人际交往中，如果没有良好的情绪状态，则往往会直接影响到交际质量。比如，有的人在取得某些成绩或是被人羡慕的情况下，常常会沾沾自喜，得意之色溢于言表，甚至教导别人该如何如何，这样的人只会得到别人的轻蔑，又何谈与人交往？

同样，情绪表达没有分寸也会影响交往。有的人总是不分场合、不看对象、不顾轻重恣意纵情，这样的人难免给人留下轻浮、狂妄甚至动机不纯等坏印象，让人不愿与之接近；有的人永远是一副故作深沉的面孔，对容易引起情

感共鸣的事情反应很冷淡，试想，又有谁愿意与这种冷漠无情的人交往呢？

看看生活中的那些成功者，无不是乐观主义者，当遭遇冲突、矛盾时，他们常常能够很好地控制、排解负面情绪，所言所行皆出于理性思考，而且他们更擅长化愤懑、忧虑、沮丧为力量，不会轻易让失控的情绪害了自己。

你要明白，一个人怎样对待某种情绪，选择权完全在他自己手里。不管你的情绪是好是坏，你都不能把自己困在这个特定的情绪里。事实上，你完全可以做出一些改变，从而不至于把自己搞得很紧张、很压抑。但是，如果你长时间情绪低落、意志消沉，你就有必要寻求专业人士的帮助了。

当你不敢拒绝时,你在害怕什么

在社交生活中,大部分的麻烦往往来自于答应得过早、回绝得太慢。我们总是碍于面子,怕得罪别人,结果成全了别人,却伤害了自己。其实,答应别人未必就能真的取悦别人,而拒绝也并不一定就会得罪人。

有些人在社交方面如鱼得水,而有些人却产生了社交焦虑症,其中一个原因就是要面子,害怕自己在社交中遭到拒绝,同时也不敢拒绝别人对自己的请求。

他们是领导眼中能吃苦、能赋予重任的人,所以他们的工作量总是很大,总有加不完的班、干不完的活;他们总是给予亲人无微不至的关怀,哪怕自己受苦受累受伤害也从不说"不";他们是大众眼中有求必应的大好人,无论自己有多忙,只要有人提出请求,不管这会给他们带来多少麻烦,他们都会毫无原则地照单全收……

可是,不会拒绝又总是让你疲惫不堪,感到压迫和烦躁。然而,你又发现生活中的很多人其实并没有像你那样费尽心力地去讨好别人,却很受人欢迎。

其实,解决心中的困惑,最好、最简单的办法就是学会拒绝。对你不愿做的事情说"不",对你无法接受的事情说"不",对违背你做人原则的事情说"不"。要知道,人的精力和能力是有限的,不可能面面俱到。尽管你可以助人为乐,但也要量力而行,适可而止;否则,陷入困扰、身心不安的那个人,很可能就是你。

对他人来说，你的拒绝并非就是漠不关心，甚至自私。你才是自己人生的决断者，你有权选择和决定自己要做什么。对于他人的请求，假如你不能接受，就要大胆地说"不"。千万不要等到你的能量耗尽时，才采取行动。

很多时候，接受一件事需要力量，拒绝一件事同样需要力量。这种力量又与一个人的自信有着紧密的联系。那些选择做"好好先生""好好小姐"的人，总是无条件地答应别人的要求，不敢在别人面前说"不"，总是为如何拒绝别人而感到不安，而且觉得别人的需求比自己的更重要。

实际上，抱有这种想法的人，对人际关系总是有随时会被拒绝的焦虑感，认为彼此之间的关系很容易因为随便一个冲突就结束。久而久之，他们与人相处时束手束脚，在人际交往中紧张不安，反而伤害了原本坚强而正面的关系，使双方的关系变得疏远。

反倒是学会说"不"，能让你的生活变得更加美好，这样你便拥有了更多的属于自己的空闲时间。如果你是一个工作狂，这对你来说简直就是一根"救命草"，你可以把更多的时间和精力专注于自己真正关心和感兴趣的事情上，这样就减少了别人下一次以同样的理由麻烦你的机会。当然，最重要的是，你证明了自己是一个有"自我选择权"的独立的人，这样你就不会被他人当成逆来顺受的人对待。

不懂拒绝就像是一种病毒，这种病毒会让很多"应该"和"必须"侵入你的思维，破坏你的情感能力，让你无法感到快乐、满足、自信，甚至是成功。学会战胜自己，委婉而轻松地说出自己真实的想法，你将不再遭受内心的纠结。下面教给大家一些拒绝的技巧。

第一，如果你要拒绝，就要做得坚决而直接。比如，"感谢你看得起我，但现在我不方便"或"对不起，我不能帮忙"。记住，你不需要被允许才能拒绝，也无须过分道歉。

第二，给自己一些时间，然后在空闲时考虑一下你的选择，这样的话，你会更有信心地拒绝对方。

第三，如果你想要同意对方的请求，就要考虑一下妥协的方案，但前提是一定要用有限的时间或能力去做。如果你真的想拒绝，就要避免妥协。

第四，区分拒绝与排斥。请记住：你是拒绝对方的请求，而不是排斥对方这个人。一般来说，人们都会明白，你有拒绝的权利，就像他们有权利请求别人的帮助一样。

第五，如果你有孩子，请不要为拒绝孩子的要求而感到愧疚。对孩子而言，有时被拒绝是很重要的，因为这会使他们更有自制力。

第六，帮助你做回自己。学会拒绝这件事，可以让你看清什么才是你真正想要的。如此，你才能更好地认识自己，找出什么是你生活中必需的。

只知害羞不懂突破,终将被自己蠢哭

每个人的性格都有一个瓶颈,等待我们去突破,只有突破自己,我们才能成长。如果你是一个容易害羞的人,那么请鼓起勇气,突破害羞的瓶颈。

相信很多人都经历过这样的事情:在公司年会上,领导要你发言,你本来早已准备得非常充分,可是一上台,你就面红耳赤、结结巴巴,同事一脸茫然,领导更是大失所望;你暗恋一个男生很久了,终于鼓足勇气约了他,可是一见到对方,你顿时手足无措、支支吾吾,更别提瞧人家一眼。结果,自己想办的事、能办的事却始终做不好。

生活中,几乎每个人都有害羞的时候,这是很正常的一件事情。从心理学的角度来讲,这种类型的人太过在意他人对自己的评价,过分夸大批评和失败的影响,缺乏应有的自信,不敢在别人面前表达自己真实的想法。与人交流时,总是显得束手束脚,甚至不敢直视对方的眼睛,自己活得很累不说,别人也会感觉很别扭。尤其是在人多的场合,更是难以顺利表达自己的想法,结果成为工作和人际交往中的一大障碍。

其实,这个世界上并不存在一点都不胆怯、害羞和脸红的人,每个人的性格都会有一个瓶颈,只是严重程度和持续的时间不同而已。这些心理上的异常现象往往是我们在后天的成长过程中,由于种种原因引起的。那么,既然是后天形成的,就能将其克服。以下方法可以帮你克服害羞的心理。

利用神奇的潜意识

人类的潜意识可以帮助我们树立正确的信仰，也就是说，你所想的最终会变成现实。为此，你可以尝试重复大声地说："每一天我都会变得更加自信，更加受欢迎。"无论是洗澡、煮饭，还是去超市购物，你都能随心所欲地做这件事。为了更好地突破自我，你还可以使用视觉化的方法，想象一下你在社交场合是多么的自信，这样就连你自己都会觉得自己非常棒。

扩大你的接触范围

无论遇到什么情况，你都要切记：为了克服害羞，你必须走出去，让自己置身于形形色色的社交世界里，即便那个地方让你感到有些不自在。这就好比一个不会游泳的人，初次下水，很可能会被淹到，那的确是件令人恐怖的事。可是，当他深深地吸一口气，再跳进水里时，就会有新的突破。也许这会让有些人觉得畏惧，但是只有不断地突破自己，才不至于让害怕阻碍自己前进的脚步。

不要把事情想得太过严重

通常，害羞的人往往会把事情想得很严重，"我万一犯错了怎么办？""如果我忘了台词，该怎么办？""如果没有一个人为我讲的笑话而发笑，那又怎么办？"其实，你大可把眼光放得长远一些。人这一生难免会遇到一些难以预料的事，我们应当正面对待这些事物，多往好的一面想，并为此而努力。

停止想象，立即行动

一味地想象是不可能克服害羞的。如果你只是故步自封，一味想着如何克服害羞，最终就不会有任何改变发生。但是，当你真正融入社交场合，你会发现行动是最简单、有效的方法。做你感到害怕的事情，停止毫无意义的想象，你很可能会看到另一番天地。

锻炼自我，单独外出

当害羞的人和别人在一起时，他们总会有一种不舒服、不自在的感觉，其实，他们独处时也会有同样的感受。所以，不妨试着独自外出，哪怕是独自吃一顿晚餐，独自看一场电影。要知道，善交际、会交往是一种本事、一种能

力，独处也是一种能力，并且在一定意义上是一种比交际更为重要的能力。

让支持你的人围绕着你

为了让自己变得不再害羞，你需要结识一些可以改变你的人，他们不会直接批评你，而且他们的热情会减弱你的压力，并感染到你，这样你自然会得到更多的帮助。

虽然克服害羞需要一些时间，但是只要你掌握一定的社交技巧，持有正确的态度，保持良好的精神状态，你就一定会变得自信、阳光，这会使你的生活比现在强数百倍。所以，现在就去行动吧，千万不要拖延。

优柔寡断是人生最大的负能量

优柔寡断是人生最大的负能量，有时比错误的行为更糟糕。在遇事、待人方面，如果总是担心值不值得去做，你就是在自讨苦吃。

在生活中，很多人都曾经或者是正在为这样的事情而苦恼：不知道如何与伴侣相处，不知道如何处理和同事之间的人际关系，甚至很多人连自己都不喜欢……

其实，当我们在各种关系的纠缠中沦陷、纠结时，是否想过这样一些问题：我喜欢自己吗？面对自己时，我是否能够欣然接纳自己的不完美？我是否能够接纳一个真实、完整但并不完美的自己呢？

莫妮卡是汽车销售公司的一名职员，年纪轻轻的她做什么事情都优柔寡断。在做任何事情之前，她总是要反复地考虑其中的利害关系，设想每一步可能出现的问题，为此，她总是顾虑重重，很难立刻做出决定。

对于工作上的事情，考虑得周全、清楚一些，可以让我们少出错，也少为自己的愚蠢后悔一些。不过，如果凡事想得太多，就会让自己遇到更大的麻烦，事情明明已经做完了，但是仍然放心不下，然后反反复复地回想每一个阶段的处理过程，进而开始怀疑自己："在这件事情的处理过程中，我是否有不妥之处？我是否应该做得更好？"

在我们身边，有很多类似莫妮卡这样的人，他们似乎总是神经兮兮的，在他们的心中永远布满了顾虑："我到底该怎么办？"这些人哪怕只是跟某位同事擦肩而过，别人脸上的表情都会让他们惴惴不安，心事重重地猜测一整天："难道是因为我没有跟她打招呼，所以她对我爱搭不理的？可是当时我们俩隔着那么远的距离啊！"

这样的人总是担心别人对自己有不好的看法，比如，如果上司少给自己发了一些奖金，就会另有想法，猜测自己究竟在哪里把事情搞砸了，但是又拿不出勇气当面向上司提出疑问。又比如，部门的同事之间搞聚会，但是偏偏没有邀请自己，于是他就会胡思乱想好几天，"是不是大家对我有意见？""难道他们是合起伙来在背后整我？"结果吃不香、睡不着，心情烦躁不说，就连工作都不顺。

事实上，这种人就是太在意别人对自己的看法，所以做事总是迟疑不定、优柔寡断。从传统意义上说，有这样困扰的人都是一些"好人"，他们善良、在意别人的感受、内心敏感、感情丰富。然而，他们很容易把自己笼罩在这些阴影中，也很难建立真正和谐、深入的人际关系，在与别人的交往中，表现得顾虑太多、畏首畏尾，很怕做错、说错，所以不敢轻易采取行动，时常被搅得心神不宁。

也许很多人会说："这样活不觉得累吗？"其实，这也是这些人对自己生活的最大感受，尽管他们也想像正常人一样，但是他们的世界似乎总是充满了痛苦和纠结，就像上足了发条的时钟一样，很难停下来。

那么，这种状况有办法改善吗？事实上，很多人都曾经历过从"在乎别人的看法"到"不那么在乎别人的看法"的转变，当然，这个过程并非是一蹴而就的，而是需要一点点地来改善。

首先，要学习自己、看见自己。要知道，一个人如何看待自己以及如何看待自身的价值很重要。如果一个人失去了对自我价值的评判，就失去了生活的意义。那些"别人说我好，我就有价值"或是"别人说我不好，我就没有价值"的人是可悲的，因为他们总是在抹杀自己生存的意义。

接下来，多问问自己："为什么我会有这种情绪？""我希望得到什么？""为什么我需要得到他人的肯定？"相信经过一段时间的训练，我们就会对自己有一个客观的认识，更加看清自己。当再次面对别人的评价时，我们也就不会那么盲目、激动。

其实，每个人都有自己表现不够好的地方。如果我们陷入这种缺点里不能自拔，就会变得自卑，不利于人际关系的发展。所以，一定要学会自我接纳，做真实、完整的自己。无论是你喜欢、欣赏的地方，还是你不满、厌倦的地方，都完全属于你，没有什么好坏之分，你只需要接纳它们的存在，关注它们的存在。请记住：你永远是自己的主角，不要总在别人的戏剧里充当配角。

你的人生为什么让别人做主

你不需要和别人处处一样，只需要做你自己。别让随波逐流扼杀了你的主见，更不要让他人主宰你的人生。

我们经常信誓旦旦地宣扬"我的命运我做主"之类将自己标榜为命运的主人的话语，但是仔细想一想：在你过去的人生里，那些重要的事情真的是由你自己决定的吗？喜欢的专业不敢选择，于是在一个自己不喜欢的领域挣扎多年，到头来一无所获；喜欢的工作不敢选择，于是大好的光阴白白地窝在一个地方，以致错过了不知多少美好的风景……

生活中，有很多类似这样的人，他们不管大事小事，总是过度在意别人的看法，希望别人来替他们做决定，然后迅速扔掉自己的观点。如果一个人意识不到自己是什么，或是自己需要什么，甚至从来都没有认真地考虑过这个问题，就会表现出懦弱的个性，与人交往时，内心也会变得越来越自卑，失去主见，备受折磨。

一位石油大亨到天堂去参加一个会议，可是，当他兴冲冲地跑进会议室时，他却发现会场座无虚席，没有自己的座位。

石油大亨情急之下，突然想出了一个主意，他当即喊了一句："伙计们，听说了吗？刚才他们在地狱里发现了石油！"

此话一出，会场顿时炸开了锅，正在开会的石油大亨们生怕被别人抢了商机、赚了钱，于是急急忙忙地就向地狱跑去。

大家蜂拥而出之后，天堂的会议室空了下来，石油大亨的脸上也露出了得意的笑容，他刚想找个椅子坐下来歇一歇，忽然听到外面有人议论地狱里的石油如何丰富、开采成本如何低廉等，听着听着，这位石油大亨也坐不住了，他心里开始琢磨：难道地狱里真的发现石油了？不容多想，他也急匆匆地跑向地狱，天堂变得空无一人。

这个故事是在告诉我们盲目地、一味地从众，是一件多么愚蠢的事情。生活中，很多人都有从众的想法，他们总是喜欢任何事情都听旁人的建议，从来不去考虑做的事情本身是否正确；他们不能看清自己的状况，总是让别人牵着自己的鼻子走。

其实，一个人可以没头脑，但是不能没主见，那些习惯由别人来掌控自己的世界、决定自己人生的人，就是缺乏主见、缺乏自己的判断和思考的人。

盲目往往是扼杀主见的最大凶手。很多时候，盲目跟风是因为我们的目光不够长远，看不清自己究竟需要什么，无法为自己做一个长远的规划。也就是说，这些人心中的自我是由别人决定的，而不是他们自己决定的。他们说话、做事的标准，往往是以他人是否满意为原则，而在这条原则范围内，他们自己的感受只占据了一个很小的角落。

在现实生活中，或许你无法决定别人的观点，无法改变别人眼中的自己，但是你可以立场坚定地选择做什么样的事情、做什么样的人。事实上，不管你要怎样的人生、怎样的伴侣、怎样的合作关系，只要是你自己内心真实认可的，就可以去追寻。你的主见，就在于选择你的所爱，而不是一有任何风吹草动，就放弃自己的坚守和选择。

你要记住：做一个能独立思考、坚持原则、有主见的人，你才不会活得比别人卑微，人际关系才会和谐、长久。所以你不要盲目地追随任何人，因为没有谁可以对你的人生负责——除了你自己。

第 3 章

突破圈子,升级你的社交层次
——如何建立有效的社交网络

俗话说:"物以类聚,人以群分。"你是什么样的人,就会有什么样的圈子。一个圈子的重要意义就在于让你认识自己、发现自己,最终改变自己。

找到适合自己的交际圈

融入一个全新的社交圈的好方法,不是低三下四,而是不卑不亢。融不进去的圈子,就不要硬挤。很多时候,找到适合自己的圈子,才会拥有真正的社交优势。

俗话说:"物以类聚,人以群分。"你是什么性格的人,就会有相同性格的朋友;你有什么样的兴趣,就会结交相同爱好的朋友……这些和你有着相交点的人和物就是你的圈子,而你的圈子恰恰反映了你是什么样的人。

有人说:"圈子决定未来,一个人一定要学会优化自己的圈子。"圈子决定你的未来:和阳光的人在一起,心里就不会阴暗;和进取的人在一起,行动就不会拖延;和勇敢的人在一起,遇见挑战就不会退缩;和睿智的人在一起,遇事就不会迷茫;和健康的人在一起,病魔就会悄悄地溜走。从某种程度上说,优化圈子,就是优化你的人生。

尽管圈子很重要,但是如果你不够优秀,就挤不进由比你厉害、优秀的人组成的圈子。

萧红在成名之前,是个鲜为人知的小作家。然而,出乎许多人意料的是,她却偏偏被鲁迅看中。

鲁迅介绍她进入文坛报媒,邀请她喝茶、聊天。轻易不捧人的鲁迅还高度评价萧红的《生死场》这部小说,说:"北方人民的对于生的坚强,对于死的挣扎,却往往已经力透纸背;女性作者的细致的观察和越轨的笔致,又增加了不

少明丽和新鲜。"可以说，鲁迅毫不掩饰对萧红的一片怜惜和钟爱，甚至称赞她是中国当代最有前途的女作家。

鲁迅之所以愿意把一位初出茅庐的作家请进自己的圈子，是因为他觉得她是一个值得欣赏和认可的人。事实上，早年萧红就曾不断地给鲁迅写信，结果终于凭自己的才华打动了这位伟大的文学家，从而开启了自己人生的新篇章。

因为一样有才华，所以彼此惺惺相惜；因为是同样性质的人，所以不忍放弃。而萧红进入优秀的圈子，也印证了她拥有进入这个圈子的能力。这只不过是早来和晚来的区别而已。

在现实生活中，虽然光鲜亮丽的圈子令人神摇意夺，但是很多欣然前往的人却并未足够了解自身便深入其中，原本想着可以彰显自己的能力或者满足自己的虚荣，结果却被圈子的游戏规则所淘汰。要知道，圈子不同，你真的不必硬挤。没人比你自己更清楚你到底有几斤几两了。

也许你只是过着朝九晚五、清汤寡水的生活，安于当下，内心却充实得很，这也不失为一种平淡、简单的幸福；相反，西装革履、光鲜亮丽的生活，看似充斥着成功者的气息，可是背后的辛酸，又有谁能知晓？

无论是享受当下快乐、安宁的圈子，还是追求更高级的圈子，并没有好坏之分，就看你是否满意每时每刻的自己。如果你感觉与厉害的圈子格格不入，就不必勉强自己去迎合；如果你的水平与某个圈子里的人旗鼓相当，即使你不去挤，也自然够格。

交情，都是麻烦出来的

很多时候，明明简单问一句或是求助一下别人就可以解决的问题，为什么就是开不了口，而一个人死钻牛角尖。是害怕被拒绝，还是担心被别人瞧不起？

从小到大，很多善良的人常常信奉这样一句箴言："没事别麻烦别人。"在他们看来，麻烦别人是不可取的。于是，他们几乎什么事情都自己处理，从来不爱请别人帮忙。

不可否认，人们都喜欢趋利避害，怕麻烦也是人的天性。但是这类"好人"的人脉网络却常常单薄得可怜，反倒是那些"厚脸皮"的人，他们经常麻烦别人，事业往往很成功。这又是为什么呢？

其实，有时候适当表现出一些自己的短板，让身边的人帮助你，并且在接受别人的帮助后，表达自己由衷的感激，更加容易拉近彼此之间的距离，让人更愿意与你做朋友。

好的人脉关系，就是互相麻烦。这次，你麻烦一下他，下次，他麻烦一下你，一来二去，两个人熟了，关系也亲近了。很多时候，等价的交换，才能有等价的感情。所谓等价的交换，其实就是互相麻烦。人与人的交流，就是因为一次次的麻烦，才培养出更好的感情，就是因为双方拿起电话一次次拨出，才增进了彼此的情谊。

尤其是在职场上，很多人都有过这种体验：一个原本印象不够好的同事，来找你帮了几次忙之后，你竟然发觉你对他的偏见渐渐消除了。这里讲的就是

这个道理。

其实，每个人都有自己的优势和不足，面对自己不擅长的领域，在你绞尽脑汁也不见一点成效时，请教一些经验丰富的伙伴，也许能助你迅速补足短板、提升能力。

当然，这样的"求助"只有做得好了，才能既不让自己感到别扭，又能让别人乐意向你伸出援手，这不得不说是一门技术含量极高的交际艺术。那么，什么程度的麻烦是可以让别人帮你扛着的呢？怎样麻烦别人才不会显得廉价呢？

首先，这个麻烦不会给对方造成大麻烦，否则，对方难免会怀疑你究竟想从他那得到什么。不过，这个世界上偏偏有一类人最招人厌烦，他们的依赖性极强，总是把本该自己解决的麻烦随意转嫁到别人身上，总是指望伸出手来就可以无偿得到最正确的答案。然而，他们忘记了：真正良好的社交关系应该是彼此在交流中都能有所收获，也只有这样的关系才能够长久地维持下去。一次次地伸手，长期地单向索取，只会让人觉得你实在无药可救，简直就是社交领域的不劳而获者，这样你就会被对方拉入他的黑名单中。

其次，你的"求助"最好不要牵扯到金钱上。要知道，人脉更多的是一种情感上的交流，若是牵扯上具体的利益，则会染上铜臭味。即使确实存在利益关系，也要避免将这种"求助"看作建立人脉的一种方法，而要严格将其视为一个契约。

当然，当你请求别人帮助时，态度一定要真诚。要时刻记住：这是你自己分内的事情，别人就算帮了你，也没有义务帮你一辈子，所以不要一副理所当然的样子。如果是自己责任及能力范围内的事，并且你可以独力完成，就不要随便麻烦别人，更不要因为别人愿意帮助你而把责任都推到别人身上。

总之，不麻烦彼此，也就没有了交流，没有了交流，自然就丢掉了感情。只有学会麻烦别人，才能交到朋友。

真挚的赞赏更能赢得人心

与人交谈时，由衷地欣赏对方所讲的话、所做的事并且培养这种技巧，你会发现，自己正在成为聚会中颇受欢迎的人。

结交朋友并维护友情的一个有效方式，便是赞赏他们的行为。要知道，人们总是自觉、不自觉地从他人那里寻找自身存在的价值，因为每个人的内心深处都有被重视、被肯定、被尊敬的渴望。可以说，我们需要赞美，就如万物需要阳光一样。喜欢听别人的赞美，绝不是虚荣的表现，而是自尊的需要，是一种正常的心理。

从呱呱坠地的那一刻起，我们就渴望能够不断地得到赞美。在家里，我们希望得到父母的赞美；在学校，我们渴望得到老师的赞美；进入职场，我们期望获得领导、同事的赞美……很难想象，如果这个世界上没有赞美，那么我们活着还有什么意义？

然而，很多时候，我们总是把太多的东西当成是理所当然，以至于我们经常忘记了对那些帮助过我们、让我们的生活变得更加舒适的人，表达我们的赞赏之情。

那么，人们为何会疏于表达自己的赞赏之情呢？也许很多人觉得没那个必要，彼此之间那么熟，非要赞赏一番，岂不显得做作？也有人会说，别人做的不过是"本职工作"。

还有的时候，赞赏的话之所以没能说出口，或许是因为我们害怕别人说自

己不行。我们总是会有意无意地想：若是我告诉他们"干得好""做得不错"，那他们说不定会觉得我不如他们。其实，这样的想法完全站不住脚。但凡杰出之人，对于那些帮助过他们的人，是绝不会吝啬自己的赞美之词的。

世上除了物质嘉奖之外，还有一种普遍存在的嘉奖，那就是精神嘉奖，而在所有的精神嘉奖中，赞赏更是排名第一的。亲人间的赞美，让家庭更加幸福美满；师生间的赞美，让教育更加融洽；同事间的赞美，让工作更加顺利；情侣间的赞美，让爱情更加滋润。

其实，赞美别人也是在肯定自己，由衷地表达你对别人的赞赏也是一个人自信的表现。每个人都是一道风景、一本书、一首诗，懂得欣赏和赞美，风景会变得更加优美。

不仅如此，当你赞美别人时，你会发现自己似乎拥有了无限潜能，可以感动身边的每一个人。很多时候，如果你能试着将自己的思维方式朝着积极的一面培养，你会发现自己在交友方面会变得越来越擅长——即使对方不是那种积极的人。

为此，你可以以"爱"为出发点，用真诚的心态，诚心诚意地去发掘他人的独特之处，欣赏他人的优点，进而赞美他。这样做，不仅能给对方带来快乐，还可以为双方创立良好的新关系。这样的赞美对客户如此，对同事如此，对家人更应如此，对所有与你有缘的人都应如此。

当然，为了让你的赞赏行为更合适，你可以学习以下技巧。

第一，不要一直不停地赞美对方，否则，只会让对方觉得腻味、矫情，相比而言，简短的欣赏似乎更能令人印象深刻。

第二，认真聆听对方讲话，挖掘对方引以为豪的事，你的真诚态度一定会通过你的言辞发光发亮，带来巨大的成效。

第三，赞美对方时，用肯定而非否定的语句。比如，"我真不敢相信你做到了！"就不如"你做的事真令人印象深刻！"的效果好。

第四，任何时候，传递别人所说的赞美之词，都能令听者的印象更为深刻。例如，"安迪跟我说，她在你那里看到一只腕表，她说她从没见过那么精致的腕表。"

第五，赞赏别人时，尽量使用"佩服""欣赏""令人难忘""好极了""出色""有影响力""满意"这类褒义词。

如果你实在找不到对方身上可以赞美的地方，不妨给他们的未来增添点信心和希望。例如，"我们正在期待，未来你可以干得很出色"或是"我看得出来，你一定能成为我们需要的人"。

用你的热情,感染更多的人

热情是人际交往的润滑剂。如果你想要成功地认识陌生人,并让陌生人接受你、喜欢你、尊敬你,那么,千万要热情地对待他。

从何时开始,你的生活开始日渐稳定而固化,对很多人或事物兴趣大减,甚至提不起任何精神?如果遇到这种情况,请保持高度的热情,而且你的热情还是瞬间拉近与他人距离的神器。

如同磁铁能吸引四周的铁粉,热情也能吸引他人、感染他人。TED演讲是由全世界各个领域最有思想的人做的不超过18分钟的演讲,每一位演讲者浑身上下都散发着无限的热情,正是这样的热情感染了所有观众,这也正是TED演讲如此受欢迎的原因之一。《塔木德》上说:"请保持你的礼貌和热情,不管对上帝,对你的朋友,还是对你的敌人。"奉行这一原则的犹太人就受益匪浅。

人们常说:"热情是一种动力。"要想成为被支持的人,付出自己的热情必不可少。在人际交往中,我们付出了自己的热情,就意味着收获了别人的支持。要知道,任何人在交往中都希望获得别人的尊重,足够的热情恰好能够满足对方渴望被尊重的心理。

对素昧平生的人来说,初次见面时,难免会在心理上产生一定的戒备。要想打破这种心理,获得对方的支持,就需要建立信任关系,而一个热情的开场白,好比一阵温暖的风,可以让彼此脱去防备的外衣,接下来的交谈自然会比较顺利。

　　保持一颗热情的心，你就会感染身边的每一个人。你若仔细观察各行各业中有杰出表现的人，就能从他们神采奕奕的眼神中，看到他们对工作的热情、对生活的热情、对周围认识或不认识的人所表现出来的发自内心的热情。他们的热情可以使周围的人感受到他们的积极、友爱和快乐，而你也将被他们深深地吸引住。

　　成功学的创始人拿破仑·希尔指出："保持一颗热忱之心，将会给你带来奇迹。"热忱就是富足的阳光，可以给你温暖，给你自信，让你对世界充满爱。有热情而又能自控的人，在任何团体中都会受到欢迎。保持足够的热情，生活才能热气腾腾。

　　不管做什么事情，先拿出自己的热情来。而锻炼你的热情，和你每天的体能运动一样重要。当你的热情为负的时候，即使你能力再强，也可能与成功失之交臂。如果你缺乏足够的热情，则下面这套训练，将会对你有所帮助。

　　第一，要十分在乎某件事，比如十分在乎某个目标或想法。对某件事的在乎，其实就是为培养热忱而暖身。

　　第二，把你的热情大声地喊出来。早晨醒来，对自己说："我要快乐！""我要结交更多的朋友！"你就会真的变得很快乐、认识很多新朋友。因为你收到了一个很棒的礼物——全新的一天，你要让今天过得比昨天更好。

　　第三，以童心看世界。不管你有多大，都要用充满好奇的童心看待这个世界。孩子总是抱着渴望、好奇的态度，觉得这个世界充满了惊奇和未知，所以，你也要随时保持热忱、期待的心态，全身心地投入每一天的生活当中。

　　第四，调动起自己全部的热情去做每一项工作、对待每一位同事和客户，你会发现自己奇迹般地成了办公室里最快乐的活跃分子。

想看清一个人,就去认识他的朋友

只要有人的地方,就会有人脉。你只要看看一个人身边有什么样的朋友,就能知道他的价值。

生活中,我们常常会听到很多类似这样的抱怨:周末想约人一起吃饭,却不知道电话该打给谁;跟恋人怄气了,却找不着可以倾诉的人;邀请朋友来家里聚会,可来的人永远都只是那么几个……在这些人的身上,我们不难看出一个致命的弱点,那就是他们的朋友少得可怜。

在好莱坞,流行这样一句话:"一个人能否成功,不在于你知道什么,而在于你认识谁。"人脉资源就是一种潜在的无形资产、潜在的财富。斯坦福研究中心曾经发表一份调查报告,报告显示:一个人赚的钱,12.5%来自知识,87.5%来自关系。这里讲到的关系,绝不是你认识他、他也认识你这么简单,而是合作与同行的人脉。可以说,你身边的朋友决定着你的人生。而现在的世界早已经是一个人脉社会,如果你的朋友是位富翁,你的身价就不会太低。

杨耀宇是台湾证券投资界响当当的人物,更是将人脉竞争力发挥到极致的个案。他曾是统一投资顾问的副总,后来退出职场,为朋友担任财务顾问,并担任五家电子公司的董事。

根据推算,杨耀宇的身价有近亿元(台币)之高。可是,这位昔日的乡下小孩,又是如何做到快速积累财富的呢?

"有时候，我的一通电话就抵得上十份研究报告。"杨耀宇说，"我的人脉网络遍及各个领域，上千、上万条，数也数不清。"

你的朋友圈决定了你的交际范围，而你的交际范围又决定了你的机会。你身边的朋友往往决定着你的人生，影响着你的命运。一个人的朋友圈，其实代表的就是他这一生能够达到的最高成就。

举个例子，当一位表现平平的基层员工遇到棘手问题时，他很可能会想到请教专家，但这样做只会让他因为等不到回音而白白浪费时间。顶尖人才则很少碰到这种问题，因为他们在平时就已经为自己建立了丰富的人脉资源网，一旦有事请教，立刻便能得到答案。

在一次主题为"创造财富"的论坛上，主持人在正式讨论开始之前，问了与会者一个很直白的问题："请大家写下和你关系最亲密的10个朋友，然后写下他们每个人的月收入，从你的这些朋友的收入中，我就可以大致判断出你的收入。"

开始的时候，有一些人觉得这就是一个活跃一下现场气氛的互动游戏，因为所有人都觉得：自己的月收入怎么可能由朋友的月收入来决定呢？但是，当与会者写下与自己最亲密的朋友的财务状况时，竟然惊讶地发现自己的月收入和朋友月收入的平均值相差无几。这是为什么呢？因为你的财富取决于和你来往最亲密的10个朋友的财富平均值。你的月收入就是这10个朋友月收入的平均数。

确实如此，我们永远都无法否认朋友对我们的影响力。就像一段名言所描述的："你想成为什么样的人，就和什么样的人在一起。如果你想成为快乐的人，那你就要和快乐积极的人在一起，因为这样的朋友会教你如何拥有快乐积极的心态；如果你想成为健康的人，那你就要和健康的人在一起，因为这样的朋友会告诉你如何保养身体。"犹太经典著作《塔木德》中有这样一句话："和狼群生活在一起，你只能学会嚎叫。和优秀的人多接触，你自然会受到良好的影响，成为一名优秀的人。"

很多时候，你的朋友圈往往决定着你的"经济价值"。选好自己的圈子，无论在哪个领域，它都会成为你的资本和资源。

让自己变得有价值,喜欢你的人会越来越多

每个人在自己的圈子里都会有被别人需要的价值,让自己变得有用,才配得上做一个高质量的朋友,拥有一段高质量的人际关系。

人与人之间相互来往的目的不外乎是互惠、互助、互利,但是如果彼此之间的交往没有任何的实际意义,那么这层关系很快便会消失。当然,并不是说所有的人际交往都是带有功利性的,但是能够长久保持密切往来的,必定是有利益关联或是以情感为纽带的人。要知道,繁忙的现代人是没工夫应酬无聊的场合的。

然而,使一种交往具有价值的并非交往本身,而是交往者各自的价值。很多时候,高质量的交往总是发生在两个彼此由衷地欣赏且有独立人格的人之间,因此,使自己真正有价值,让自己变得更优秀,才是最重要的。若是从长远来看,你都不可能对他人有价值,谁还爱搭理你呢?

那么,我们该怎么办呢?方法只有一个,那就是让自己变得对别人有用。唯有这样,你才有和别人交换利益的资格,才不会被人看成一无是处。没有谁天生就认识谁,也没有谁天生就魅力四射。只有发挥自己独一无二的优势,让自己变得有用,拥有别人拿不走的东西,才配拥有一个高质量的朋友,才配拥有一段高质量的人际关系。

比如说,你博学多才的头脑能开阔对方的思维;你开朗幽默的性情能带给对方愉悦;你善解人意的性格能开解对方的苦闷;你诚信忠诚的品行值得对方信赖；你气度不凡的优雅可以让对方赏心悦目；甚至打牌三缺一时叫上你，你也是个有价值的人。

正所谓"物以类聚，人以群分"，一个人自身的价值往往决定着他的交际范围。而你身上所拥有的一些特质只要有人需要和喜欢，那就是你自身价值的体现。这种被人需要的正面价值越多，需要和喜欢你的人就越多。

毕竟人际交往是一种势均力敌、公平的价值互换，需要双方都付出自己的价值，也获取各自所需。例如，你渊博的知识总是能开阔某位朋友的思维，因为你的这位朋友恰恰喜欢并需要你的知识，所以，在日后的交往中，你会慢慢变成他的朋友。但是如果这位朋友身上缺乏你需要的价值，你就会觉得他是可有可无的。倘若你又很忙，并且这种情况一直是这样的话，你们就会慢慢地疏远。

人际交往，从本质上说，其实是一个价值互换的过程，也就是说，当你觉得对方对你来说更有价值时，你才更愿意和他交往。所以，千万不要相信任何免费的好处或机会，天上掉的往往是陷阱，而不会是馅饼。

巧用方法，建立理想的人际交往

你今天获得的所有结果，包括未来获得的结果，往往是由你所在的圈子决定的，这一点非常重要。圈子决定能量，能量决定平台，平台决定你的成就。

生活中，有一些人因朋友很少而感到很孤独，于是，就觉得自己不够好，没有人爱自己。在这个互联互通的时代，我们总是将自己隐藏在狭小的心灵茧囊里，缺乏与人交往。

事实上，从社会学的角度来看，我们都生活在一个个的圈子当中，换句话说，整个社会就是由一个个的圈子组成的。人生每一个时刻的改变，重要的不是你有什么想法，做了什么决定，而是当你做了这个决定以后，你认识了谁，谁在推动你，谁在支持你。这才是一个人成就事业的关键。可以说，一个理想的圈子就像一个导师一样，能够为你提供建议和支持。

虽说人际交往很难，但它是我们能取用的最强大的力量来源之一。虽说我们并未意识到自己如此渴望这种交往，但是我们的确渴求与他人建立更深入的关系。那么，当我们觉得与他人交往非常困难时，我们又该如何做呢？我在这里跟大家分享一些方法。

克服你的抵触心理

如果你总是抵触和别人见面，尤其是要面对一帮陌生人时，抵触心理更大，那么你需要尽快脱离自己的舒适区。任何人都有一个强大的心理舒适区，在这个区域内活动，我们会感到轻松、自在，然而，若是长期把自己封闭在这样一个区域里，人往往会变得心安理得、得过且过，最终沦为平庸之辈。要知道，进行人际交往的好处要比抵制交往多得多，所以，你应当主动脱离这个舒适区，尝试接触不同性格的人，提升整个人的社交能力。

请时刻保持你的微笑

在人际交往中，微笑不仅可以缩短人与人之间的心理距离，还可以为深入沟通与交流创造温馨和谐的氛围，尤其是在初次接触陌生人时，更要展露微笑，敞开自我。若是能再问一些关于对方的事情，试着发现更多信息，则更能赢得对方的好感，被别人真正地接受。

若能做到，请主动分享

很多时候，虽说倾听比说话更受人欢迎，但是适时表露自己的脆弱，与他人分享自己的恐惧和挣扎，也是建立人际关系的重要方法。当然，这并不意味着彼此刚见面就要分享内心最深处的秘密，而是要慢慢敞开心扉。总之，你要做好你自己，相信你也值得他人去爱，让他人走进你的心灵，彼此相互拥抱。

群体交往和单独交往

如果你置身在20多人在场的群体中，那么建立真正的交往联系往往会很难，此时，一对一的单独交往反倒可以让你专注于某人。如果对方也持开放态度，你们就能开启私人对话，从而更好地了解对方。当然，如果你所处的群体由三到六人组成，则这种小型群体也能创造美好的交流体验。

别把自己藏在手机里

如今，很多人喜欢玩手机。但是当你处于有很多人的某个地方（比如会议活动）时，这样封闭自我的做法无疑是错误的。所以即便会感到尴尬，也请主动寻找互动机会。从简单的提问开始，讲个消除紧张的玩笑也不失为打开话题的一种方法。

请努力保持联系

如果你想建立真正的人际关系，则要找到经常保持沟通的途径，若有可能，甚至可以主动约对方再次见面。如果无法亲自见面，你们还可进行网络视频对话，在屏幕上面对面交流。

第4章

看透人心，瞬间掌控交际主动权
——如何读懂人际关系背后隐藏的秘密

弗洛伊德曾说："任何人都无法保守他内心的秘密，即使他的嘴巴保持沉默，但他的指尖却喋喋不休，甚至他的每一个毛孔都会背叛他。"在社交场合，读懂人际关系背后隐藏的秘密，也就读懂了对方的内心世界，从而瞬间掌控交际主动权。

每个人都有一张社交面具

很多时候，你明明觉得戴上面具很累，但就是放不下面具做真实的自己。其实，真实的你比戴着面具的你更可爱。

现在，请你如实回答这样一个问题：工作中的你和生活中的你一样吗？说到这个话题，也许很多人会感慨颇多："为了维护自己在社交圈里设定的良好形象，我常常感到很累、很压抑。""我渴望释放压力，但又怕招惹事端。"……

在社交压力下，每个人都会尝试隐藏内心的真实想法，选择戴上一张虚假的面具，有的用微笑掩饰愤怒，有的用冷酷掩饰胆怯，有的用沉默掩饰空虚……我们似乎总是在尽力掩藏什么，不被他人发现。

在职场上，我们纵然有奇思妙想，有对某些机制和行为的看法，也不得不装，因为一旦说出来很可能就会受到旁人的指责和攻击。

回到家里，很多男人会觉得跟妻子聊情感是一件很"娘炮"的事，因为男儿从来都是有泪不轻弹的；如果你已为人妻，一想到照顾好家人才是自己最大的职责，又怎么好意思把自己事业上的梦想和野心向丈夫诉说。

于是，很多人日复一日地戴着面具，继续"装"下去。似乎只有把真实的自己掩藏起来，贴上符合社会期待的标签，或者说戴上能够被别人接纳的面具，我们才足够安全。

然而，每张完美面具的背后都是辛酸。我们慢慢长大，发现自己的存在竟然那么渺小、那么微不足道，尤其是当我们发现这个世界中的很多人和事与我

们所想的完全不一样，或是感受到了在成长过程中由生活带来的伤痛时，便学会了不再以本来面目示人。

尽管戴着面具可以给他人留下一个好的印象，得到社会的承认，能够与别人，甚至不喜欢的人和睦相处，实现我们个人的目的，但是人与人之间的交往还在继续，如果我们终日以面具伪装自己，时间久了，我们也很难分清哪个才是真正的自己。

其实，最真实的你就很好，比戴着面具的你更可爱、更吸引人。就像每个人儿时纯真的样子那样，清澈的眼，烂漫的笑，没有任何面具覆盖，如花一般绽放。所以，从现在起，把你内心最真实的渴望、最诚实的想法和感受展示给这个世界，你一定会发现不一样的惊喜。

有那么一刻，你突然被伴侣感动，觉得他/她在你眼中是那么的光芒四射，那么你敢不敢不装，而是深情地看着他/她的眼睛说："亲爱的，这一刻，我被你深深地感动着，眼前的你是那么闪耀，那么令人心动。"

有那么一刻，领导给你安排了一个项目，你不但不喜欢做，而且觉得这件事本来就毫无意义，那么你敢不敢不装出一副乐于接受的表情，而是如实地告诉领导："头儿，我理解你可能也是迫于无奈让我做这件事，但我做这件事总觉得特别没有意义，能不能让我去做自己更喜欢的项目？"

有那么一刻，你正主持一个会议，一位下属向你提出了一个不知道如何解决的困难，而你也跟大家一样觉得无从下手，那么你敢不敢不装作自己知道怎么解决的样子，而是如实告诉下属："其实我跟你们一样，也不知道怎么解决这个方案，我也很困惑、很头疼，甚至睡不着觉。"

在现实生活中，我们总是给自己戴上无形的面具，同时惊讶地发现，周围人的脸上也同样戴着面具，但是谁都不知道此时面具下的表情到底是欢笑还是悲伤，还是其他什么。其实，我们完全可以选择真实地活着，做最真实的自己，真实地表达自己的想法和感受，总有一天，你会发现自己竟然也能活得轻松、坦荡。

目光坚定就真的没有撒谎吗

当一个人跟你说话时,他目光坚定地看着你,这并不一定代表真诚;相反,他很可能是一个撒谎高手。

我们常说微表情可以反映出一个人的内心世界,虽然一个下意识的表情可能只是短短的一瞬,但是这个微妙的动作却很容易暴露出这个人内心的真实想法。比如说,当一个人目光坚定地看着你时,他的态度并不一定是诚恳的,他很可能是一个撒谎高手。很多时候,虽然言语可以欺骗人,但是肢体语言却永远无法掩盖真相,只要我们仔细观察对方的微反应,就能发现其中的秘密。

美丽在一家外企担任行政总监的职务,能力出众不说,形象气质也很出彩,深得老板的赏识,也很受同事们的欢迎。然而,不久前发生的一次意外事件却让美丽的名誉大大受损。

那天早上,美丽像平时一样走进办公室,让她感到奇怪的是,几乎每位同事都用一种怪异的眼神看着她,并且还时不时地嘀咕几句:"真没想到她竟然是这样的人。""怪不得升职那么快,原来是小三。"

听到这种话,美丽感到浑身不自在,她忐忑不安地找到跟她关系非常要好的一位同事罗静,追问对方到底发生了什么,为什么大家都对自己指指点点。

罗静想了一下,悄悄地告诉美丽:"你还不知道啊?就在你昨天出差时,公关总监在茶水间里跟几个新同事说,老板多发了你一万元奖金。就这样,大家

以讹传讹,最终竟然说你跟老板是那种关系。"

美丽一听,顿时火冒三丈,当即冲到公关总监的办公室,非要质问个清楚:"是你跟同事说老板给我多发了一万元奖金,还污蔑我是小三?"

公关总监不温不火,目光坚定地看着美丽,一字一句地说:"我绝对没有说过这样的话,是谁跟你说是我说的?你不信就把她拉出来对质。"

美丽看到公关总监那坚定的眼神,心里暗想:难道她真的没有说,或许是别人说的?可是,在这件事情上,罗静是不可能会陷害我的。

可是,无风不起浪,究竟怎么回事?美丽怎么也想不明白。

其实,在整件事情上,公关总监完全是迫于工作压力才不得已想出这一招,若是年底之前她的业绩不能超过美丽,很可能就得把总监的职位乖乖地让给美丽。为了保全自己的利益,她导演了这样一出戏。

故事归故事,但透过人际交往的一些细节,我们可以发现,即使一个人在讲话时目光坚定,他也可能在说谎。我们和别人交谈时,多数情况下会盯着对方的眼睛说话,这既是出于礼貌,又表明自己正在认真倾听。不过,我们还要善于从对方的眼睛或是一些微小动作中捕捉信息,鉴别对方所讲内容的真实性。

研究人员曾做过这样一个试验:他们将一群人分成两组,并且面对面坐着,然后让其中一组对另外一组说话,当然,所说的并非事实,每一句都是谎言。研究人员提前在隐秘处安放了摄像头,将整个过程拍了下来。最终结果却令人非常吃惊,几乎70%的撒谎者在说话时都以一种坚定的眼神看着对方。

其实,对那些撒谎高手而言,他们已经非常清楚目光游移很可能会泄露自己内心不可告人的秘密。因此,他们就采取了一种反其道而行之的方法,避免对方识破自己的谎言。也就是说,目光坚定的人有时也可能是在撒谎,只是这些说谎高手的手段比较高明罢了。所以,无论对方表现得如何淡定,都不要被对方那坚定的目光欺骗了。

相似的人往往能成为朋友

我们一生都在寻找让我们感觉舒服的人，因为他们与我们有着某种程度上的相似。我们可能会对与自己不同的人产生好奇，但最终我们还是不会"接受"他们。

人类都有一些基本的偏好，比如，喜欢熟人而不是陌生人，喜欢已知的东西而不是未知的领域。这种偏好在社会交往中也表现得很明显：人们总是喜欢和自己相似的人来往。实际上，往往相似的人才更容易成为朋友。

那么，为什么我们在交往中会有这种求同心理呢？在社交领域中，我们总是期待被社会接纳，渴望被爱，我们总是希望自己的价值观、性格、气质得到对方的认同，而那些与我们相似的人，总是与我们有着共同的追求。这样，人与人之间的交往就起到了正面的强化作用，彼此之间也极少出现因观念相悖而发生争执或是互相伤害的情况，这就是心理上的"相似性原则"。

当我们与那些和我们相似的人在一起时，我们的穿衣品味不会被别人调侃，我们的观念想法不会被别人拒绝，我们不喜欢的东西，他们也会和我们一起批判，这样，我们就会更有归属感、成就感，也会变得更加自信。你要知道，一个人只有在感到安全和被理解的情况下，才能放开自己，进行深层次的人际交往。

20世纪80年代，密歇根大学做了一系列实验：把实验者分为两组，每组64

名学生；每周向第一组学生展示一位男大学生的照片，连续展示4周；向另外一组学生展示不同面容的照片，也是连续展示4周。

4周以后，调查者询问两组学生这样两个问题：如果将来遇到照片上的那些人，你会喜欢他们吗？另外，你认为照片中的那些人与你的相似度有多大？

结果显示，每周看同一张照片的学生更强烈地认为这些人是他们在真实生活中会喜欢的人，并且认为这些面孔与他们自己非常相似。换句话说，熟悉的面孔往往会给人更亲切的感觉。

事实证明，和自己相似的人交往，会给人带来一种熟悉的感觉，而且不会产生蔑视感，取而代之的是一种轻松和舒适。这样彼此在谈话、沟通的过程中，很容易一拍即合，也可以相互激励。

大学新生在经过一段时期的交往和磨合后，可以很快找到属于自己的朋友以及心仪的各类社团，而他们选择朋友和社团的标准，就是找那些与自己相似的人，不论他们在这个过程中是有意识还是无意识的，结果都是这样。

选择朋友如此，我们在选择爱人时同样喜欢和自己相似的人。相反，如果没有价值观、兴趣爱好、生活习惯等方面的相似性作为基础，你们的爱是很难牢固的。

总之，我们在与他人交往的过程中，最重要的是要主动亲近他人，挖掘自己与他人潜在的相似性，甚至也可以有意识地制造"共同点"。很多时候，恰恰是一些小细节能迅速拉近彼此之间的距离，产生意想不到的效果。

我们都渴望得到别人的认同

当一个人没有办法确定自己的价值时,他就会渴望从外界、从他人那里寻求认同。

很多时候,我们之所以很努力地表现、付出、张扬,只是因为希望换来别人一句"你真棒""你真漂亮""你真厉害""你真聪明"……可是,一旦有点风吹草动,感觉自己不被认可、不被接受的时候,我们就会紧张或愤怒不已,好像自己真的不好了一样。

我们怎么就这么需要别人的认可呢?其实我们害怕别人说我们不好,是因为我们渴望得到赏识,得到他人的认同。在很多人的世界里都有这样一条逻辑:如果自己付出的努力或者付出的关怀没有得到他人的认可,很有可能就会觉得自己的所作所为没有意义。

在马斯洛看来,人有五个需求层次,当我们的生理需要和安全需要获得满足后,就会发展到高一层次的需求,那就是对爱、尊重和被认可的需求。其中,得到他人认可这一需求体现的即是对自我价值感的确认。

在人际交往中,每个人都希望得到他人的肯定与欣赏,得到社会积极、肯定的评价,以确定自己的人生价值。当我们不确定自己好不好的时候,我们就需要别人来帮助我们确定。如果得不到他人的认可,心里就会充满无助和感伤。如果打击过大,甚至还会对自己的未来失去信心,影响自己的人际关系。

其实,一个不能认可自己的人,才会如此需要别人的认可。一个不相信自己很好的人,自然也不能看到别人对自己最中肯的评价。生活中,尽管很多人

表面亮丽光鲜，内心却充满了强烈的自我否定，这样的人总是觉得自己哪儿都不好，所以，才会那么需要别人的认可，让自己觉得好像自己并没有想象中的那么差。

我们不妨扪心自问：在别人认可你之前，你认可自己了吗？事实上，一个人清楚地知道自己的价值，自然能心中踏实。即便别人否定了你，你身上那股强大的自我认可能量，也会帮助你客观地看待他人的意见，而不是极力否定自己。

要想认可自己，我们就应该发现自己是值得被爱的。不是因为别人爱你，你才值得被爱，而是你值得被自己爱。当你不再对自己苛刻、要求、批评，不再把自己的好和不好与自己的能力、性格、家世背景挂钩时，你就会发现自己其实也很不错。虽然你也有自己的短板，但是这并不影响你的品行、人格；虽然你暂时不具备某些技能和物质，但是你却有一颗从未放弃自己的心。

所以，很多时候，我们无须别人说自己好或者不好，我们只需要对得起自己的心，做给自己看就可以了。因为我们是为自己而活的，而不是为他人而活的。你要记住：别人对你的肯定，不应该比你对自己的肯定更重要。别人对你的否定不过是他们的一些看法罢了。虽然得到他人的认同，会让你逐渐建立起自我价值，在每一段关系中受益，但是要想赢得别人的认可，就应该先让自己蜕变。

你为什么不敢与别人对视

脸庞是思想最生动的描写，眼睛则是了解心灵的途径。

很多人都会有这种感受：当别人坐在你对面的时候，你总感觉神经紧张，浑身不自在。例如，你在咖啡馆，如果对面恰好坐着人，也许你会担心他的目光，不喜欢被别人盯着看的感觉；在餐馆吃饭，如果对面坐着人，也许你就会感到紧张，担心自己的一言一行会成为对方关注的地方。

想想看，如果一个人总是盯着你的一举一动，你会有什么样的感受？想必很多人心里都会想：哎呀，好尴尬呀！顿时心跳加快、呼吸急促，这就是典型的对视尴尬或目光尴尬，简单而言，就是不敢看别人的眼睛，不敢眼神对视，一旦与别人眼神对视了，就会马上避开，特别是在一些社交场合，希望别人不要注意到自己。

尴尬似乎是一种特别复杂的体验，也许你就经常陷入这样的困境：在公众面前发言，总是忧心忡忡，在意别人看自己的目光，在意别人怎样评价自己，总想着"要是我说得不好怎么办""他们的表情好像在说我很差劲"。

在面对人际交流的时候，很多人会有这样的顾虑：会不会出错？会不会被人嘲笑？出错了怎么办？我要怎样继续下去？虽然有时候，这样的顾虑会促进我们更好地管理自我，但是过度地担心往往会放大我们对焦虑的感受。

每个人都有一个独立的舒适区，一旦这个独立的舒适区遭到威胁，我们就会焦躁不安。其实，很多时候别人对我们并非很关注，只是我们自己太把别人

的关注当回事儿罢了。很多时候，放大对自己的关注，反而会放大我们对尴尬的体验。

每个人都希望自己在他人面前表现得很好，但遗憾的是，并不是所有人都能做到，毕竟任何人或多或少都会有一些瑕疵。面对目光直视带给你的尴尬，与其通过逃跑、离开的方式应对人际上的焦虑，倒不如大大方方地展现出来，一点点地去面对。要知道与人交流，应勇于承认自己的缺点，让人发现虽然你不完美，却依然迷人。

智商越高的人,越难相处吗

有人说,智商、情商是互补的,可智商是天生的,且大多数人相似,情商却是可以培养的。

说起天才,很多人心中往往会浮现出这样的形象:神经质、高傲、孤僻。不论你想到的是哪一种,这些形象似乎都存在一个共性:性格古怪,不善交际。不可否认,这个世界上的确存在一种人,有着超乎常人的智商,但是却仿佛始终活在自己的星球中。

《生活大爆炸》中有这么一位"怪咖":智商高达187,却总是因为一些鸡毛蒜皮的小事惹毛自己的朋友,他不能容忍别人的"坏习惯",却觉得别人容忍自己是理所当然的。

虽然不能说每个智商高的人都有低情商的可能,但是对很多普通人而言,难以和聪明人相处却是一个客观存在的事实。这究竟是怎么回事?

社会认知神经科学奠基人马修·利伯曼经研究发现,与一般智能以及与之相关的认知能力(比如工作记忆和推理能力)相关联的脑区主要位于大脑的外侧,而与思考他人、思考自己相关联的脑区主要位于大脑的内侧。支持社会思考的神经网络与支持非社会思考的一般认知神经网络通常是互相矛盾的。

一般来说,社会认知神经网络活跃的程度越高,那么负责其他非社会思考的一般认知神经网络平静的程度也就越高。同样,当人们进行非社会思考时,一般认知神经网络往往表现得更活跃,而社会认知神经网络则稍显平静。

于是,我们有理由推测,高智商人群的一般认知神经网络长时间处于

活跃的状态,这就抑制了他们社会思考脑区的活动,使他们表现得不那么社会化。

幸运的是,社会智能和非社会智能存在此消彼长的关系,这让很多心理疾病患者有一技之长。像孤独症、自闭症患者就经常拥有与其障碍全然相对的,甚至惊人的能力,比如超强的口算能力或超强的艺术创造力。

可以说,人类的大脑天生就拥有这种平衡社会智能和非社会智能的能力,所以,人类才会如此的与众不同。当然,也有一些方法可以改善高智商者的相处之道。

停下学习、工作,多出去走走

人的精力是有限的,大脑的各个脑区也需要交替工作。从现在起,修改一下你的日程表,少一些工作时间,多一些社交时间,让你的社会智能脑区也活跃起来。高智商的人只要每天做出一点小小的改变,锻炼自己的社会智能脑区,不仅能够获得更高的生活质量,还可以成为人见人爱的社交天才。

向别人敞开自己

生活中,人们总是有意无意地掌控并构筑着自己的防御堡垒,不可否认,每个人都有对安全的需求,但是真正的安全感应该来源于你主动向别人敞开自己,而一些高智商的天才就是因为太过执拗而忽视了这一点。很多时候,你只有真诚地敞开自我,你与陌生人的关系才会被拉近。

澄清你在人际中需要什么

澄清你在人际交往中需要什么,是为了更好地帮助自己在人际中找到方向感。然而,要想做到这一切,就需要从澄清恐惧开始。

比如,你对一些事情总是表现得很敏感,意味着你对它有着更高的要求,同时也有唯恐求不到的焦虑感;比如,你很容易对一些人或事感到紧张,意味着你特别在意;比如,你特别害怕在别人面前表现不好,说明你有很强的自我表现欲,并很想展示自己;你总是害怕受到别人的责备,说明你十分需要别人的赞同和接纳。

那些不可忽视的小动作

微反应是人类本能的反应,是了解他人内心意图最准确的线索。生活中,很多小细节里往往暗藏着很大的学问。

受知识、阅历、能力等各种因素的影响,一个人往往能够在内心浪涛汹涌的时候仍然可以做到面不改色,比如,明明很讨厌一个人,却可以表现出很喜欢的样子。也许很多人会说,这个人真会演戏,真会装,但无论怎样,他都无法控制自己的微反应。

那么,什么是微反应呢?当我们向外界传递信息时,我们往往会通过语言、肢体动作等可以控制的身体系统来传递,同时,也会伴随一些不经意间流露出来的表情、动作,这些瞬间的表情、动作没有经过刻意的修饰,具有原始的生理意义。比如,惊讶时上扬的眉毛,愉快时眯起的眼睛,厌恶时单侧嘴角上翘……这些即是微反应,是人体在受到有效刺激时最初的瞬间反应。

如此看来,微反应是装不出来的,因为它是人类作为一种生物,经过长时期的发展、进化而遗传和继承下来的。可以说,它是人类的一种本能,不受思想的控制。所以,一个人再怎么装,也不能隐藏本能的痕迹。只要我们用心观察,就可以通过微反应来了解对方内心真实的想法。

下面,我们具体说说人际交往中那些能够让我们瞬间读懂对方心理的小动作。

嘴巴是情感宣泄的重要通道

在人际交往中,嘴部是面部表情中富有表现力的一个部位,不同的嘴部动

作反映了不同的内心活动。

当心有愤怒,却又苦于无处发泄时,人们常常用咬嘴唇这种方式表达自己内心的不满和紧张。当心理紧张或感到不自在时,人们往往会用舌头不断地舔嘴唇来安慰自己,试图使自己镇定下来;然而,这个动作并不会令人感到更自信,只会让人感到更加紧张。当一个人撒了谎,或者说错话之后,他往往会把手伸向嘴巴,似乎想收回刚才所说的话;只不过,成人很少做出如此夸张的举动,他们举起的手并没有放在嘴上,而是在轻轻划过鼻梁后,最终又归于原位。当面临压力时,人们往往会藏起或拉紧自己的嘴唇,待嘴唇变为一条直线时,人们的情绪和自信也跌至谷底。

另外,如果我们发现对方总是撇着嘴,就应该注意了,这很可能是在表示反感,此时你就应该考虑暂停话题了。

微笑会暴露一个人的底细

在所有的肢体动作中,最常见的表情莫过于微笑,它可以传达1000多种不同的含义。学会区分不同微笑之间的微妙差异,可以帮你揣测他人的底细。

开怀大笑的人大多心胸开阔、性格直率,他们让人从心底里感到放松。当然,也有一种人喜欢利用夸张的笑容来掩饰内心的不安,或是借机感染身边的人,然而,他们的笑容看起来却有些不太自然。很多女人笑起来喜欢用手捂住嘴巴,她们大多性格内向、温柔、文静,不会轻易向他人吐露自己的心声。

抿嘴笑是一种明显的拒绝信号,例如,女性在遇到自己不喜欢的人,而又不好意思拒绝对方时,往往会露出这样的笑容。另外,有种微笑,俏皮中略带几分腼腆,很容易激发男性心中的保护欲,这就是斜眼笑,头稍稍偏向一侧,眼睛往上斜瞟。对男性来说,斜眼微笑的女性最具有魅力。

手是情绪的忠实反映者

双手和大脑之间的联系远超过身体的其他部位。事实上,人的双手能够生动地反映一个人的内心世界。

双臂交叉于胸前。当做出这种举动时,表示人们将自己不喜欢的人或事物统统挡在外面。它所传达的含义很明确,就是拒绝、否定和防御。不过,如果双臂交叉的同时，还有抓上臂的动作，则说明内心的紧张和不安，以此动作来安抚自己。

将手背在身后。摆出这种姿势的人，总是给对方一种权威、自信和充满力量的感觉。然而，如果背在身后的双手不是握在一起，而是一只手抓住另一只手的手腕，则表明这个人的内心充满了挫败感。

双手紧握。有此动作的人总是面带微笑地看着对方，给人自信、胜券在握的感觉，其实，紧握双手是挫败感的体现。而且双手紧握的高低，也与人们的心理挫败感或沮丧情绪的强烈程度密切相关。双手位置越高，挫败感越强，或者情绪越沮丧。

摩擦手掌。这个动作的含义非常丰富。在投掷骰子前，将骰子放在掌心，反复搓揉，反映了掷骰人内心的期待心情。不同的摩擦速度也反映了人们不同的心理状态。摩擦动作越快，越说明心中非常期待；而动作慢，则说明心中举棋不定。

腿脚是身体上最诚实的部位

当感到不适或者不悦时，人们常常会做出躯干保持不动、腿脚轻晃或抖动的动作。事实上，在很多会议室、约会现场，我们很容易看到这种腿脚轻晃的动作，它有助于缓解当事人内心的焦躁不安与压力。

当感到压力或威胁时，人们会通过双腿分开的动作来维护自己的势力范围，这种举动往往象征着自信、权威和控制。此时，将双腿收拢则是一种缓解紧张气氛的好方法。

当感到不安或是想拒绝对方时，人们会采取双腿交叉、双臂抱于胸前的姿势，这反映了一种保守、顺从或是戒备的心理。

眼睛是藏不住秘密的

一个人的健康程度,以及他的性格和想法,都能从其眼睛的颜色和清晰度以及形状中推断出来。

眼睛是人体传递信息最有效的器官,能表达出人们最细微、最微妙的内心情感,从一个人的眼睛中,往往能看到他的内心世界。在人际交往中,一个人的眼神往往能透露出很多表面上看不到的信息,眼神可以淋漓尽致地表达出一个人的情绪,甚至流露出语言难以表达的微妙感情。

肢体语言学家称,通过一个人无意识表现出来的眼部细小差别,就可以分析出这个人的很多特质。对此,达·芬奇就曾说:"眼睛是心灵的窗户。"确实,观察一个人的眼睛通常就可以读懂一个人的想法。

在与人交往时,目光应该是坦然、亲切、和蔼、有神的,交谈时还要将目光转向交谈者,以示自己在倾听,不要躲闪或游移不定,这样才能给对方留下一个良好的交际形象。与之相反,呆滞、漠然、疲倦、冰冷、惊慌、敌视、轻蔑、左顾右盼的目光都是应该避免的,而且还要避免死盯着对方的眼睛或是脸上的某个部位,因为这样只会使对方感到紧张不安,甚至产生抵触情绪。在别人讲话时,眼睛东张西望,或者不停地看手表也是很不礼貌的行为,这样很难得到他人的尊重和信赖。

当然,眼睛所能透露出的人们内心的秘密还远不止这些,下面就让我们共同来探究一下。

从眼神的变化读懂一个人

当对方看你的时候，如果他的目光清澈而坦诚，则说明其内心没有隐秘，为人正直、自信、心胸坦荡；如果他的目光狡黠、隐晦，则说明他为人比较虚伪、心胸狭窄；如果他的目光黯淡，一副无精打采的样子，则说明他为人比较软弱，做事优柔寡断，缺乏意志。

从视线的变化读懂一个人

如果说话的人口若悬河、滔滔不绝，而听者总是回避与对方的视线交流，或者眼神到处游离，则可以理解为听者已经厌烦了这个话题。有时候，当一个人的眼神游离不定时，他可能是在隐瞒什么事情。

从瞳孔的变化读懂一个人

瞳孔的变化是任何人都不能主动控制的，瞳孔的放大和收缩，往往反映了一个人复杂多变的心理活动。当一个人感到愉悦、兴奋时，他的瞳孔就会比平常扩大几倍；当一个人遇到让人生气、厌烦的事情时，瞳孔又会收缩得很小；若是一个人的瞳孔不发生任何变化，就说明他对所看到的事物根本不关心或者感到无聊。

从眼球的变化读懂一个人

通过眼球变化也能了解到一个人真实的内心世界。比如，眼球习惯向左上方看的人，往往喜欢回忆往事，对这样的人要有耐性；眼球习惯向右上方转的人，喜欢做白日梦，当然，这并不是意味着他们只会凭空想象，要知道很多发明和实质性的建议都是从想象开始的；眼球习惯向左下方看的人，具有很强的想象力与思考力，这种人喜欢自由自在地享受生活，比任何人都会安排生活和工作；眼球习惯向右下方看的人，大多心思细密、思考力强，与这样的人相处时要特别小心。

第 5 章

最高的情商是自有分寸
——如何保持人际交往的距离

人与人之间的交往必须保持一定的距离,这不仅是一种礼貌,而且是一种正常的心理反应。虽然这个距离看不见、摸不着,但如果逾越了各自的"领地",就会带来不可想象的后果。

有距离地交往，让你更得人缘

交际需要距离，只有把握好分寸，交际才会产生奇效，而一切过犹不及的交际只能事倍功半，甚至会半途而废。

正如很多人经历的那样，人与人之间需要保持一定的空间距离。的确，在这个世界上，每个人都需要有一个可以自我把握的空间，它就像一个无形的"气泡"，为自己占据着一定的"领域"。其实，这就是所谓的私人空间，一般在46～61厘米的范围。如果有一天，你的这个私人"领域"被别人触犯了，你就会感到不舒服、不自在、不安全，双方关系也会搞得很僵，甚至翻脸，不讲情义。

心理学家做过这样一个实验：在一个刚刚开门营业的书店里，当里面只有一位读者时，心理学家就拿本书走近他。试验测试了整整80位读者。结果证明，在一个只有两位读者的空旷的书店里，没有一个被试者能够忍受一个陌生人靠近自己。

人与人之间有着看不见但实际存在的界限，亲密地保持距离，才是恰当的交际方式。双方的人际关系以及所处情境往往决定着相互间自我空间的范围。可以这么说，根据空间距离的不同，可以推断出彼此之间的关系。

美国人类学家爱德华·霍尔博士将人际关系划分成四种交际距离，各种距离都与对方的关系相称。

亲密距离

这是人际交往中最小的间隔，大约在0.5米以内，即我们常说的"亲密无

间",彼此间可能肌肤相触,耳鬓厮磨,感受到对方的体温、气味和气息。这种亲密距离只限于在情感上联系高度密切的人之间使用,比如情侣或夫妻间,父母与子女之间,或是知心朋友间。

在社交场合,如果有人(不属于这个亲密距离圈子内的人)随意闯入这一空间,不管他有何用意,都会引起对方的反感,注定自讨没趣。

社交距离

社交距离属于社交礼仪上较为正式的交往关系,一般在0.5米到1.5米之间,伸手可以握到对方的手,但又不会轻易接触到对方的身体。在工作场合,这一距离是很合适的。举例来说,如果你去领导办公室汇报工作,就要把握好这个社交距离。若是小于这个距离,就难免会给领导一种盛气凌人的感觉;若是超出这个距离,领导则会误以为你不够真心实意。

礼仪距离

礼仪距离一般在1.5米到3米之间,属于礼节上较正式的交往关系。这个距离主要适用于向交往对象表示特有的敬重,或用于举行会议、仪式等。

公共距离

一般来说,3米以上的空间距离,是演讲者与听众的适宜距离。也适用于与自己不相识的人共处。

有趣的是,与不同文化背景的人交往,要保持不同的空间距离。如果你正在与一位美国人交谈,那么,最好将彼此的社交距离掌控在60厘米左右,这是他们认为最有分寸、最友好的空间距离。但是,如果与你谈话的是一名阿拉伯人,就要小于这个距离,否则就会出现你往后退他往前追的滑稽场面。

多数情况下,社交距离是有规可循的。比如说,社会地位不同,彼此之间交往的空间距离也存在一定差异。一般来说,身处要职的人对于个人空间的需求相应会大一些。我们只有了解了人际交往中人们所需的自我空间及适当的交往距离,才能更好地打造完美的人际关系,取得意想不到的交际效果。

没有一种关系是永恒不变的

一个人真正的魅力，不是你给对方留下了多么美好的第一印象，而是对方认识你多年后，仍然喜欢和你在一起。

朋友交往，彼此间保持一个礼貌的距离，既不至于太远而显得冷淡，也不至于太近而失了必要的恭敬，这样的友谊才能更长久。周国平先生曾说过这样一句话："在一切人际关系中，互相尊重是第一美德，而必要的距离又是任何一种尊重的前提。"

然而，很多美好的消失，都是因为距离的消失，只是我们浑然不觉，且始终执迷不悟。

"竹林七贤"之一的山涛投靠司马氏之后，平步青云。

有一次，好心的山涛想推荐同为"竹林七贤"的好朋友嵇康去做官。嵇康一听，顿时觉得自己高洁的情操与志向受到了凌辱，于是，他愤怒地给山涛写了一封信，这就是历史上有名的《与山巨源绝交书》。

后来，嵇康与好友山涛的关系渐行渐远。

朋友之间如果忘记距离，就会失去自己的空间，被强烈的窒息感，甚至是一种被侵略的感觉所包围。你要知道，空间距离是维持朋友关系最重要、最微妙的因素，一旦空间被挤压、被侵占，友谊的大厦就会倒塌。所以，朋友之间

长久相处的秘诀绝不是频繁地接触。保持一定的距离，反而会多一些牵挂。

世界上没有一种关系是永恒不变的，朋友之间的关系也不例外，它既是一种随时可以改变的关系，又是一种很难真正确定的关系。如果我们忽略了交友的距离，就免不了会使朋友之间轻松自如的关系变得紧张、有压迫感。

也许很多人已经发现，你与那个感觉可以相处一辈子的朋友之间，也是有距离的。这个距离不远也不近，不疏也不密。毕竟在我们的心里，一辈子真正接纳的，只会是有限的几个人，而更多的人却成了我们生命中的匆匆过客。

当然，朋友之间保持一定的距离，也绝不能近到无话不谈。即使对方是你完全信任的朋友，你也不能把自己所有的苦恼都讲给对方。很多时候，交往过度其实是很致命的。

你要知道，所有美好关系的变味，都源自于两个人之间的零距离。我们不是彼此的心理咨询师，不能一股脑地把自己的"脏衣服"都晾出来。当你忍不住要说秘密的时候，你就要时时提醒自己停下来，不要再说了。留一些隐私给自己，让它们成为你自己的秘密，这一点真的很重要。

而且不尊重朋友的话、伤害朋友的话、刻薄的话，统统都不要说，朋友跟你有着不同的生活习惯，也不要去指责。很多时候，如果你用挑剔的目光，去挑选十全十美的朋友，那么你很可能会没有一个朋友。千万不要相信"我们无话不谈"这样的陈词滥调，就算是亲密无间的夫妻，无话不谈最终也可能会酿出苦果。

其实，朋友之间的谈话要尽量找到共同点。即便双方之间有了分歧，也要以平等尊重的方式讨论，不必力求一致。而且要学会倾听对方不同的声音，保留自己的意见，并巧妙地转移到下一个话题。学会转移话题不仅是人际交往的润滑剂，而且是一种交往智慧，毕竟彼此之间的交谈，若是有了一个共同点，谈话就会进行得更温和、更快活。

古人云："君子之交淡如水。"这无疑是一种朴素的真理。朋友之间相处的最高境界就像淡淡的清茶，没有要求，没有利害，没有是非，相聚只因随缘。

试图改变他人，难免会换得冷酷的绝交

我们很容易习惯性地认为是别人错了，其实这个世界哪有对错，只是别人和我们的看法不一样而已，人与人相处多一点包容，也许会更融洽一些。

很多人都曾有这样的经历：当我们遇到形形色色的人，遇到不顺心的事情时，我们总会习惯性地指责别人，觉得别人这样做不对，那样做是错的，总希望做一些事来改变对方，让对方达到我们的期望——我们自认为正确的做法。

但是不得不承认的是，人与人之间交往，不管关系有多亲密，都不意味着想法一定会完全一致，不管我们如何努力去改变对方，对方是否真的如我们所愿去改变，是任何人都无法强迫的。

让我们看看这些事实：

在恋爱关系中，我们总是希望改变对方。男人总是希望女人变得越来越温柔体贴，越来越漂亮、能干，恨不得女人上得了厅堂、下得了厨房。女人则希望男人越来越成功，越来越爱自己，总觉得自己把最好的年华都给了男人，所以，两个人只要一有矛盾，就一定要让男方妥协。

在亲子关系中，我们总是希望改变子女，使子女变成我们想象中的模样。孩子还在幼儿园就被我们早早规划好，将来是留学英、美，还是上清华、北大，是做律师还是当艺术家。

回顾一下你的过去，想想你花掉了多少时间，以求改变他人，他们可能是和你一起工作的同事、你的家人、你的朋友、你的某位客户……结果呢？换回

来的往往是失望和难过。

坦诚地说，要这些人屈服无异于要他们扮演孩子的角色，让他们明白你这是为了他们好，你才真正清楚他们需要什么或是应该怎么做，虽然你的头脑可以做出这些看似很合理的解释，但是你凭什么去评判别人？你自己就很完美吗？

然而，事情却是这样的：

在爱情关系中，如果总想着改变对方，则只会拉远彼此的距离。学会换位思考，停止抱怨，共同朝一个方向努力，互相理解、互相体谅才会彼此提升。如果确实接受不了现在真实的他/她，那就索性离开。

对于孩子的美好前程，很多家长我行我素的规划往往都是多虑。我们保证不了孩子最终的成就或幸福，但是我们付出的所有时间和爱便是孩子内心里最温暖的记忆，这就足够了。接受孩子也接受自己，这或许才是最好的家长。

其实，每个人都有自己鲜明的个性和主张，试图去改变他人、控制别人，或是要求别人理解自己，只会浪费自己和别人的时间。而且经验一再告诉我们，你越尝试去改变别人，别人越反抗你，这样，你们之间的关系就会陷入恶性循环之中，结果双方都感到沮丧、压抑。

再者，每个人穷其一生都在追求一种安全感，试图说服别人无疑是在某种程度上摧毁别人的安全感。即使你有再充分不过的理由，别人也不会希望被人当面指出自己的错误，并逼自己承认错误。想想确实也是，每个人都很难承认自己的坚持是错误的，即使他心里非常清楚你说得更有道理。

所以，无论什么情况，我们都不要试图用自己的价值观、人生观去改变对方，更不要试图把自己的意愿和意志强加给对方；否则，换来的很可能是两败俱伤，即使再好的朋友也会越来越疏远，最终只会分道扬镳。

没人有义务迁就你的过分

在要求他人尊重、宽容你之前,我们有必要反省一下自己的行为有无过分之处。

生活中,很多人都见过这一类人,他们明明做了有悖公德、损坏他人利益的事,却认识不到自己的过错,还洋洋得意地觉得自己的所作所为都是天经地义的。

比如,私自占用公用楼道,堆放个人杂物的住户,不会去想自己的做法是否妥当,反而会觉得别人的举报实在是可气、招人烦。

再比如,现如今,小区里养狗的人很多,狗主人的风格也是各式各样的,不过大致可以区分成两类:守规矩的和不守规矩的。前者出门遛狗时总会牵着狗绳,并且自带塑料袋,以防小狗到处排便污染环境,如果自家的狗在公共场合排便了,就会马上进行清理。而后者不仅不牵狗绳,而且小狗在外排便了也置之不理,似乎全世界都要来迁就他的狗。

生活中,人与人之间因为观念、习惯等各有不同,难免会产生摩擦。所以,凡事都要有尺度,一旦打扰了别人,就要考虑别人的感受。对许多人来说,小狗就像是他们的孩子、朋友,但是既然饲养了,那么必须要承担照顾和管束的义务。小狗出了家门,就要遵守社会的公德与秩序。如果小狗主人总是做出让别人觉得过分的事,还完全以自我为中心,无视别人的权益,那么别人自然不会迁就你。

很多时候,人们总是要求别人的尊重和体谅。可是那些把自己的不良行为

看作天经地义的人，根本不值得被尊重。

生活中，当我们与同事、朋友，甚至是陌生人相处时，如果你觉得别人反感你的行为，那么你先不要急着争辩，而是要认真地反思一下自己的做法是不是给他人带来了不便。你不要刻意去否定自己的权利，也不要过分要求别人迁就和宽容你。

生活在人群中，必然要求人们要相互迁就和忍让，但若是一意孤行，则很容易招来天怒人怨，谁有义务来迁就你呢？在要求他人尊重、宽容你之前，你有必要反省一下你自己的行为有无过分之处。

以己度人的做法是不可取的

一个人的要求只是用来要求自己的,那是你自己的观念,是自己对待他人和自我的一个态度。

生活中,每个人都会有一些小缺点,犯一些小错误,其中,有一个错误或许是所有人都或多或少犯过的,而且是在潜意识的支配下不经意而为之的,无论是犯错之前,还是犯错之后,都从来没有意识到自己的错误。这个错误就是,总喜欢把自己的意愿强加给别人。

很多人在与他人交往时,常常会不由自主地以自己心中的某个标准要求他人的行为,例如,恋爱时,希望恋人能抽出更多的时间陪自己;工作时,希望同事能更好地配合自己的工作;教育孩子时,又希望子女能按照自己的意思学这学那……很多人总以为自己想的是什么,别人想的也是什么。可是,一旦对方没有按照我们的想法去做,我们往往又会感到失落、难过,久而久之,还会猜疑对方是否真的关心和理解自己的感受。

实际上,这根本不是他人的错,而且跟他人没有任何关系,更不是他人对我们有偏见或是什么不好的看法。这只是我们自己的一厢情愿,是自己对他人的过度期望,是我们自己太喜欢把自己的意愿强加给别人了。

人虽有共性,但同时也存在个体差异。若是仅凭自己主观的猜测去判断别人,把自己的意愿强加给别人,弄不好还会导致人际关系紧张。心理学家称这种心理现象为投射效应,就是我们常常会不自觉地把自己的好恶、观念、情

绪、意愿归属到别人身上，认为别人也具有同样的特征，例如，自己喜欢说谎，就认为别人也总是在骗自己；自己感觉良好，就认为别人也都认为自己很出色，结果常常犯了以己度人的毛病。

当然，这并不是说你内心制定的标准就一定是错的，而是说你强烈地期望别人能够认同并接受你的这些标准的做法是不妥当的。要知道，人际交往不是要你把自己的观点强加给别人，也不是要你把自己的想法随意地搭建在别人的想法上。虽然很多要求并不过分，有些还是理所应当的，但无论什么要求，归根结底都只是你自己的想法，并不代表别人的想法。再者，每个人都有自己的一套行为方式，我们不应要求任何人按照自己的意愿待人接物，更不能随随便便无视别人的看法。

因此，要想做到不把自己的意愿强加给别人，就要做到把自己应该做的事做好，不要想着对方一定能接受，而要学会接受不同人的不同行为方式，因为不是所有人都能按照我们喜欢的方式做事。所以，为了避免投射效应对我们的误导，在与人交往的过程中，我们要尽量客观地判断自己和别人，这样对方才会很轻松，我们也会更快乐。

要远离负能量强的人

一段好的关系,应该是彼此自带光芒,照亮对方,而不是一味地消耗,把对方拉进伸手不见五指的黑洞。

不知你是否发现,在我们周围有这样一群人,他们对所有的事情都灰心丧气,对这个世界所有的人都怀有敌意,常常会无端地认为,所有的事情都会往最坏的方向发展。这样的人把时间和精力都消耗在了不必要的烦恼中,得了好处就觉得理所当然,吃了亏便觉得所有人都亏欠了他。

杨小姐刚进公司的时候,离她办公桌最近的是一个40多岁的女人。这位前辈每天的工作就是整理档案,朝九晚五地穿梭在高高垒起的档案里。

杨小姐清楚地记得,她到公司的第一个中午,这个中年女人就拉着她的手一起去吃饭,又陪她一起散步。这个前辈特别热情,是第一个与杨小姐打招呼的人。

相处时间久了,杨小姐明显能够感受到公司里上上下下并没有那么多人喜欢这个女人。对此,杨小姐表现得很释然,心想:谁一定会说谁的好呢?不可能每个人都被别人喜欢。

可是,没过多久,杨小姐发现,在这位女同事所有的热情里,总是穿针引线般地露着很多负能量,一点点地渗透到她的生活里。每天一上班,这位前辈就开始吐槽前一天晚上和婆婆如何地恶言相向;午饭时,又开始埋怨工作烦

琐、无聊，领导偏心，同事无情无义。

后来，据杨小姐自己说，"现在，每当我一想到整天都浸泡在这位前辈的吐槽里，就觉得这一天的生活简直糟透了。我甚至都不敢去吃午饭，不敢散步，宁可天天从家里带饭。"

后来，杨小姐调换了部门，才觉得生活轻松多了。

生活中，像这位女前辈这样的负能量携带者不在少数，他们经常会有意无意地把一些悲观、消极的情绪传染给身边的人。即使别人很努力地给予鼓励，换来的也很可能只是唉声叹气。大多数时候，那些持续给别人输入负能量的人，自以为是在倾诉、宣泄，事实上，事情根本不会因为他们的抱怨而变好，他们这么做只是给自己添烦恼，也给别人添忧愁。

其实，很多人的烦恼都来自于人与人之间的交往，而情绪更是极易受周遭环境的摆布的。如果你选择和一个心胸狭隘、消极、悲观的人做朋友，那么在不知不觉中，你看待问题的角度与思维方式也会受此人的影响，而你的日子自然也不会好过。

偶尔的抱怨，会让两个人走得更近，但若是没完没了地抱怨，免不了会让听者厌烦。要知道，没有人愿意和满身怨气的人相处。所以，从现在起，你就要尽量远离那些让你觉得不那么喜欢、充满负能量的朋友，这样你才会有更高的生活质量。

建立有效的社交网络才有意义

与其浪费时间和精力结交那些无关痛痒的人，不如好好修养自身，丰富自己的生活。记住：当你足够优秀时，你自然会吸引同样优秀甚至更优秀的人。

很多时候，我们常常觉得自己朋友满天下，但事实真是这样吗？

有这样一个例子：有个朋友喜欢跟人吹嘘，说自己的手机里储存了数千个电话号码。有一次，别人问他："你有那么多朋友，经常联系的有多少？"这位朋友只得老老实实地回答道："不超过30位。"

也就是说，只有这30位朋友才是他的有效人脉，其他的都是"无用资源"，这些在各种社交场合跟别人要来的电话号码对他根本没有产生社交价值。

其实，真正有效的社交是懂得如何与别人进行有效沟通，并且能灵活地应对各种突发状况。虽说科学技术让人与人之间的沟通变得更加便捷了，但是也让人与人之间的距离变得越来越疏远了。

前段时间，小A被一位同学拉入了小学同学的朋友圈。

一开始，小A还经常在朋友圈里说说话、露露脸，但是很快就发现根本不是那么回事。昔日的同窗好友除了互相吹捧，剩下的就是谁谁的孩子上了哪家收费颇高的国际幼儿园、谁谁最近生意上只一个月就赚了几百万元……看看同学，再看看自己，小A感慨万千。

没多久，她在朋友圈里发起的话题也越来越少，得到的响应更是少之又

少，很快她就被大家给遗忘了。没多久，小A就像消失了一样，不再说话，没了音讯。

相信很多人都有过类似的经历，经常会参加各种沙龙、聊天圈子，刚开始还一副热火朝天的样子，但是聊着聊着，却发现彼此的生活经历、个人习惯、家庭背景实在是各不相同，最后连话都搭不上。在这些看似活跃的圈子里，除了忙碌，我们还收获了什么？

《世说新语》中有这样一个故事：管宁和华歆是一对朋友，一天，他俩一起在园中锄草，锄着锄着，管宁突然发现地上有一块金子，然而，他却视而不见，专心做自己的事情。华歆看到了，就把这块金子捡起来，可是，当他看到管宁的神色后，又把这块金子给丢下了。

还有一次，管宁和华歆一起读书，突然，门外传来一阵热闹的声音，管宁两耳不闻窗外事一心读书，华歆则跑出去看热闹。管宁见状，就决定割断席子与华歆分开坐，并表示绝交。

我们每天往往要花费很多时间经营人脉和社交，但是很大一部分时间是与道不同的人勉强交往。有句俗话是这么说的："你是砍柴的，他是放羊的，你和他聊了一整天，人家的羊吃饱了，而你的柴有没有砍好呢？"言外之意是说，砍柴的陪不起放羊的，聊了一整天，也没有给自己带来任何有用的价值，如此低品质的社交还不如早早放弃的好。

很多时候，我们总是一厢情愿地给社交贴上一个崇高的标签，然而，人与人之间的社交，说到底就是一种等价交换，你的社交之所以是低效的，甚至是无用的，往往是因为别人非常清楚跟你交往并没有那么高的价值，不足以让他们掏心掏肺。所以，与其浪费时间和精力，倒不如用这部分精力与时间去努力成就更好的自己。当你活出自己想要的样子，你才能遇见更多志同道合的人，你的社交才是真正有意义的社交，也是最有效的社交。

热情有分寸，拿捏人情有轻重

每个人都有自己的做事原则和生活方式，我们不能用自己的思维方式来衡量别人，也不要把自己的热情强加给别人。

很多人在内心深处，总有一种防备心理，尤其是在面对陌生人时，如果对方在拼命地向你展示他那无微不至的关怀与嘘寒问暖的热忱，则很容易让你心存疑虑。热情本来是件好事，可是过分热情难免会让人唯恐避之不及，特别是在服务行业。

我们不妨举个例子：当你走进一家服装店，本来只是打算看看有没有自己喜欢的衣服，但是导购却一直跟着你，热情地给你推荐了一件又一件。你很不情愿地说："我自己看就好，就不麻烦你了。"导购口口声声说"好"，却仍然寸步不离地跟着你。你看一款衣服，她就给你推荐一款衣服，热情地让你试了又试。

盛情难却，无奈之下，你只好挑了几件去试穿，刚穿上，导购又立刻迎了上去，边帮你整理衣服，边说如何适合你，"简直就是为你量身定做的"。可是，你怎么看都觉得哪里不对劲儿，你说不喜欢，她又给你推荐其他几款，让你去试。

看着导购忙来忙去，你又开始顾虑了，"如果不买一件回去，实在是过意不去"，于是你只好从刚才试穿过的一堆衣服里挑了一件，付了款。结果呢？买回去没穿过几次就束之高阁了。

也许很多人会说，这明摆着就是商家的销售策略，但是在与人交往时，如果你待人过度热情，同样会适得其反。让我们依然以购物这件事为例，这原本是一件很放松的事情，可是在你的身边一直站着一个陌生人，无论你去哪儿，她都会跟着你，这种感觉想必很多人都体会过，绝非"不舒服"可以形容的。

试想一下，你本来只是想开开心心地买一件自己喜欢的衣服，但是对方却不停地与你搭讪，给你推荐来、推荐去，有些甚至不是你自己喜欢的款式。这种热情从一开始就带着强烈的目的性，让人感到不知所措，本该轻轻松松的事反倒让人压力很大、情绪很大。

虽说热情好比人际交往的"升温剂"，但是过分热情难免会导致人际关系悲剧的产生。熟人之间的交往要注意分寸，陌生人之间更应该有礼有节。

在一次企业家沙龙里，一位女企业家给大家讲了一个故事：

她的公司曾经同时招聘了两个班组长：一个班组长属于老好人类型，同事有什么事，他都是有求必应，就算自己手里有活，也会想着先去帮别人；午饭时间，总是和不同的同事拼桌，自然迅速和所有人打成了一片。

而另一个班组长则截然相反。如果他在工作，则基本上不允许任何人打扰，除了领导的要求或是特别紧急的情况，他一般都会拒绝。他有自己固定的午饭伙伴，也有固定的同事圈。与人相处，他总是彬彬有礼，却始终和同事保持一定的距离。

半年后，公司组织了一次绩效考评，后一位班组长在公司的业绩却远远甩开了前一个。

是不是很多人会为前一个员工叫屈？耗费了时间和精力，换来的却是别人的置之不理。可是，真正聪明的人都懂得，与人交往留有余地，适当地保持距离，才会让你走得更快，也走得更远。

一直以来，热情好客就是中华民族优良的传统美德，我们从小接受的教育就是接人待物要热情。若是对人不够热情，很可能就会被视为"木讷"，或是被误以为"不近人情"。热情,原本是一个褒义词。但是,任何事情一旦过度,就成了问题。

在人际交往中,有的人总是急于和他人建立良好的人际关系,无论对谁都表现得格外的积极、主动,好像与谁都已经认识了很久似的,无话不谈,无话不说。这种人在各种场合都让人感觉人缘很好的样子。然而,有时候,如果你的热情超过了一个度,则不但不能使自己受到欢迎,反而让自己陷入孤立无援的处境,而且还会给人一种侵犯感和压迫感。

与初次见面或是关系一般的人交往,我们的热情最好是止于客气,做到不冷漠、不过火。不幸的是,一不小心,一厢情愿的过度热情很可能就成了一个自焚的火焰。毫无疑问,热情的人总是带有光芒的,但是这光芒若是太散了,一旦散失在空气中,却未必真的照亮了谁。做人做事分得清你我,才稳得住人情。

毫无底线的善良，只会害了自己

这世上，最可笑的事，莫过于善良本身为善良之名而寸步难行。因为毫无底线的善良，受伤的人往往是你自己。

在很多影视作品中，我们往往会注意到主角大都是那些具有善良、隐忍、任劳任怨等美好品质的人。的确，一个人的善良可以帮助他人，鼓舞他人，这种审美情趣也寄托了我们对美好情感的向往。更何况，在当今这个现实的世界，当人与人之间的沟通代价越来越大的时候，善良更像是一种熠熠闪光的稀缺资源。

不过，在生活中，我们总会遇到这样一些人：对于同事的挑拨离间，宁愿隐忍沉默；对于出轨的丈夫，选择隐而不发，不计前嫌地照顾家庭；对于别人的请求，总是忽视自己的真实需要，不好意思说"不"，生怕一旦表达了自己的不满就会被人视为自私。

可以说，善良的人，总是会习惯性地付出。然而，当我们赞美他们善良的品质时，他们的内心需求却被深深地压抑着，甚至还会为此付出沉重的代价：变得消沉、怀疑、疲惫、讨好，甚至失去生活的兴趣。

小M的同学董小姐离婚了，情绪非常低落，甚至有点抑郁。小M很为她担心，想尽己所能地帮帮她。于是，小M经常一下班就去董小姐家开导她，很热情地告诉她需要帮忙尽管说。

可是，董小姐虽然很感激小M，却也实在不怎么想见她。她只是想自己一个人静一静，而且小M的频繁登门也让她感觉很不舒服，但是她又不忍拒绝别人的好意。有时候，当小M问她心情怎样时，她还得强颜欢笑敷衍几句，"好多了，别担心。"

其实，董小姐是一个非常善良的人，她总是把别人的感受放在第一位，又特别在意别人的认可。就连在婚姻中，她对丈夫也是温柔体贴，对公婆更是百般照顾，就算对丈夫的早出晚归有怨言，大多数时候也选择了隐忍。可叹的是，这个男人最终还是背着她偷偷地把心给了别的女人。

我们都知道物极必反的道理，美好品质若是被过度使用，善良也会变得非常危险。故事中的董小姐总是把家人的需求摆在第一位，她小心翼翼地苦心经营这个家，不敢对别人表露出丝毫的不满，心中的委屈总是自己默默承受，这样的人始终把友善待人视为唯一的行为准则，却因此让自己受尽委屈，结果失去了自我。

美国的一位心理学家对此现象给出了这样的解释：善良的人总是害怕他人的敌意，用不拒绝来获得他人的认可。大部分友善的女性一辈子都会被痛苦、空虚、罪恶感、羞耻感、愤怒以及焦虑所折磨。

生活中，确实有人是过分友善的，这种友善往往是出于对社会的恐惧，生怕遭到别人的拒绝，生怕别人不认可自己。但是，也要记住一点：善良，并非软弱，也并不意味着当我们遭遇欺侮时，仍然要隐忍退让，遇到不公平的待遇时，仍然要忍气吞声。如果有一天，你用善良"喂饱"了别人，受伤害的那个人很可能就是你自己。

因此我们说，善良不是软弱可欺、忍辱负重，不是毫无原则地与人为善、以和为贵，而应该是一种坚强、一种勇敢。在有些事情中，无须把自己的位置摆得太低，属于你的就要积极地去争取；在有些人面前，也不必再三地容忍，不能让别人践踏你的底线。那些从不考虑你感受的人，是根本不配得到你的善良的。

给自己的秘密上把锁吧

马克·吐温说:"每个人都像一轮明月,他呈现光明的一面,但另有黑暗的一面从来不会给别人看到。"

请大家先思考这样一个问题:如果必须让人们看到很多关于你的信息,才会信任你,你会开口吗?又会讲出多少呢?让我们看看这样一个寓言故事:

老虎给兔子写了一封信,是这样写的:

"兔子兄弟,以前都是我不好,把你吓得四处躲藏。现在,我好好反省了一下自己,觉得都是我不好,我的所作所为实在是太过分了。如果你能原谅我,我愿意向你赔礼道歉。

"兔子兄弟,我想告诉你,最近我从外地带回来一大包鲜草,如果你和你的家人能够享用,我会感到非常欣慰。听说你有三栋漂亮的别墅,如果你能原谅我,我愿意带上这份礼物参观一下你的住处……"

兔子看了老虎写给他的这封信,心里很高兴,既然老虎这么有诚意,我就宽容他吧。于是,兔子回信,邀请老虎来他的家里做客。

这一天,老虎果然带来了一大包鲜草。兔子欣然接受后,又领老虎参观了自己的三处别墅,并对老虎说:"这可是我们兔子家族的防身之地呀,俗话说'狡兔三窟',你可千万不要让别人知道了这个秘密,要不然,我和我的家人可要遭殃了。"

还没等兔子说完，老虎就把兔子吃掉了，其他家人也成了老虎的美食。

兔子的命运实在是悲惨，但更是咎由自取，明明知道自己告诉老虎的是攸关全家性命的秘密，却还是一五一十地透露给了老虎。事实上，那些过早地将自己的底牌亮出去的人往往是最先失败的人。自古以来，锋芒太露极易暴露目标，而且容易惹人疑心；反而是那些不善表露自己的高明，也不会故作聪明地纠正对方错误的人，可以与他人维系长久的关系。

要知道，隐私就像我们每个人的账户密码一样，不应该随便地告诉别人，更不应该随便宣扬出去。与人相处时，不要把自己过去的事全都告诉给别人，特别是那些不愿让他人知道的个人秘密，更要做到有所保留。罗曼·罗兰说过："每个人的心底，都有一座埋藏记忆的小岛。永不向人打开。"守住自己的秘密是对自己的一种尊重，也是对自己负责的一种行为。

再者说，这个世界上的所有事情没有一成不变的，人与人之间的关系也不例外。今日是朋友，明日成敌人的事例更是屡见不鲜。若是你把自己过去的秘密全都告诉了别人，一旦感情破裂了，或是对方根本不把你当作真心的朋友，谁还会替你保守秘密？所以，你要记住，如果没有什么必要，你没有任何理由为了讨好别人而把自己的隐私透露给对方。

当然，不把自己的事情全都告诉给别人并不等于什么都不说，若对一切问题都三缄其口，反而容易让人觉得你不近情理。其实，很多时候，你有所保留地跟朋友说说自己的过去也无妨，比如，你可以讲讲自己读书上学时一些无关紧要的事情，或是拿自己的缺点自嘲一把，和大家开一些关于自己的无伤大雅的玩笑，这样反倒会让人觉得你有气度、很亲切，既增进了了解，还加深了感情。但前提是，一定要把握好这个度，超过了这个度，你就是在暴露自己。

第6章

做一个高段位的沟通者
——怎样的沟通，才是有效社交

在当今这个瞬息万变的时代，我们每天都有可能面对各种各样的情况，这个时候唯一能做的就是解决问题，而要解决问题，首先要学会沟通。

准备越充分，越有话可说

准备越充分，在沟通的时候就会越自信，沟通的效果就会越好。

想必很多人都有过这种感觉：向领导汇报工作时，说着说着就没话了；遇到让你心动的人，谈着谈着就没下文了；到了一个陌生的环境，结交一些陌生人时，发现很难找到共同语言，只能尴尬地杵在那里。

这些窘况很多人都会遭遇，而且，这些思维"短路"的情况，免不了会对我们的工作或生活带来不好的影响。比如，面试时，你突然被面试官问到一个自己不太熟悉的话题，一下子变得不知所措，说不准就会错失一次很好的工作机会。正所谓"功夫在诗外"，凡事都要事先做好准备，与人交往也得遵循这个道理。

那么，怎样才能找到与别人聊天的话题呢？你看过的新闻、图书，听过的广播，甚至你搭乘地铁或是在商场购物时听到别人的聊天内容，都可以作为你的储备话题。如果你对时事热点或是当下流行文化再多了解一点，更能保证你在各种场合都有话可说。

当然，这并非意味着你什么都要都懂，其实，每个话题都有很多方面，如果你在这一方面不够熟悉，感到不知所措，那就从自己了解得比较多的话题入手。

比如，你刚入职一家公司，午休时，几位女同事正聚在一起，闲聊某个明星的八卦，而你对这个明星却一点也不了解，自然也不清楚同事各自的立场。

此时你该怎么办呢？

虽然你不知道那位明星的绯闻，但是你知道身边发生的事情，也就是说，你可以巧妙地换个角度，把话题拉到自己熟悉的领域，不妨这么说："其实当明星也挺不容易的，每天都要被那么多人关注，还要顾及自己的公众形象。有时候，有点绯闻也是很正常的。就像我们普通人，不是偶尔也会遭人骂吗？"这样说话不仅不会得罪人，而且还能很快地融入一个新的圈子。

尤其是在参加社交或商务活动之前，你更有必要事先准备好你感兴趣的话题，也许你在交谈时不需要提到这些话题，但是在关键的时候，你就大可放心地用它们来救场了。

不过，也有一些人就算事先做足了准备，还是会遭遇尴尬，其实你只是不够自信，怀疑自己的口才，如果你能适时地给自己一个良性的心理暗示，情况或许就会好很多。比如，当你要说话的时候，你就要提前给自己一个暗示，告诉自己：你很努力，你很棒，你能做得很好。可以说，不管你处于何种水平，充分的准备无疑是让交谈变得更为顺利的关键方法之一。只要你鼓足勇气，坚持下去，就会有进步的空间。

当然，为了做到在任何场合都有话说，你也不能生硬地把你所知道的事都扯进谈话中。所以，在需要沉默的时候，你也要懂得适时"闭嘴"。另外，就算没人搭你的话，你也不要为此感到难堪，或许对方的思维还停留在上个话题，你自己不也经常会这样吗？所以要想在任何场所都有话说，办法很简单，直接加入他们的话题就是了。

沟通越简短越好

是否我们说得越详细,别人理解得越透彻呢?事实并非如此,沟通的秘诀其实是:越简短,越有效!

有些人向别人表达自己的某个想法或是观点时,似乎总有很多话想说,生怕自己说少了别人会不理解或者会误解。但实际上与人交流时,我们的言语越少,交流越有成效。

也许在一些人看来,说一些简短的话,而不加以更多的解释是有风险的。可是,听者或许一直在心里想:难道你没有意识到我已经被你打扰了吗?拜托快点,我还有事呢。事实上,当你把沟通变得简明扼要时,人们才会相信你值得他们花费时间和精力。

有一次,宝洁公司的一位部门经理向总经理德普雷递交了一份厚厚的备忘录,上面详细介绍了他对某个项目的处理意见。

令人不解的是,总经理看到这份备忘录后连翻都没翻,就直接非常生气地在上面加上了这样一条命令:"把它简化成我所要的东西!"然后吩咐秘书将这份备忘录退回。

还有一次,一位下属递给德普雷一份报告,看起来似乎非常复杂,于是德普雷在后面直接批示道:"我不理解复杂的问题,我只理解简单明了的!"

对此,这位大企业的总经理给出这样的解释:把问题搞清楚,把事情搞透

彻才是最主要的，否则，无论你的表述多么华丽，多么长篇大论，都不值得一看。作为一名称职的员工，你工作的一部分就是要学会如何把一系列复杂的问题简化为一个简单的问题，只有这样，我们才能更好地进行下面的工作。

如果你希望别人知道你工作的价值，你就应该化繁为简。凡事简洁明了，切中要害，既是一种机敏，又是一种智慧。

说话是否精彩不在于长短，不在于华丽与否，而在于是否把话说到了点子上，是否能打动听者。尤其是在拜访客户的时候，因为我们所面对的客户不是公司老板就是企业高管，他们往往不会给我们太多的表述时间，所以在这个很短的时间里，如果能用简洁精练的语言对需要着重介绍的地方进行精辟论述，听者的自身感受和思想情绪就能够最大限度地被说话者调动起来。

有一次，谭总去谈一位客户，对方是某工厂的总经理，当他来到客户的厂房时，正好是午饭时间，所以他们在饭桌上进行了这次谈判。

客户说："谭总，很高兴你能来，我也知道你们公司的技术水平在国内市场是数得上的，今天咱们不讲那些客套话，我说一个价格，你觉得能做，咱们下午就签合同打款。"

谭总原本就有诚意拿下这个订单，听客户一说，便干脆利落地回复道："咱俩都是心直口快的人，相信今后我们会合作得非常愉快。"

结果，一分钟之内，双方就达成了一致意见，当天下午就签了合同。

由此看来，说话要说出高境界、说出价值、说出魅力，离不开简洁精练的语言，这样才能取得"言有尽而意无穷"的效果。正如一位诗人所说："语言也像阳光一样，越是浓缩集中，越容易把别的东西引燃。"如果你与客户交流时，满嘴空话、套话，客户不但不愿听，甚至还会觉得是在浪费时间和精力。但是，说话简洁绝非"苟简"、为简而简，而是从实际效果出发，简得恰到好处；否则，只能弄巧成拙，适得其反。

称呼错了，后面的话再精彩也是徒劳

人与人的交流，是从称呼开始的。称呼既是彼此之间展开沟通的信号，又是传达礼貌和情意的一个重要途径。

人与人在交往时，称呼是一方对另一方的称谓。用得好，可以使对方感到很亲切，给别人留下一个好的印象，自己在人际交往中也能如鱼得水、事半功倍。反之，如果称谓不得体，则往往会引起对方的不快，甚至恼怒，使双方的交流陷入尴尬，导致交流不畅甚至中断。

有一位先生去广州出差，他和同行的几位朋友一起去餐厅吃饭，因为习惯，他随口喊道："小妹，给我们拿点纸巾。"

让这位先生没有想到的是，不仅服务员迟迟不递来纸巾，周围的人也用一种不屑的眼光看着他，这位先生以为服务员没有听见，随即又大喊了一声，谁知服务员干脆愤愤地走开，再也不搭理他了。

后来，在大厅经理的解释下，他才得知"小妹"这个称呼在广州是很敏感的，尤其是对一些打工的女孩来说，是一种鄙视和瞧不起的称呼，这也难怪这位先生称呼人家"小妹"受到了如此的冷遇。

从心理上分析，每个人对他人如何称呼自己都是非常在意的，可是，由于各地的风土人情不一样，不同的称呼所蕴含的意义也是不一样的。在人际交往

中，巧妙而合理地称呼别人，不仅体现出你对他人的尊重，还能赢得对方的好感，就像妙音入耳，让对方听了觉得很温馨，从心理上产生一种莫大的优越感和满足感，从而缩短彼此之间的心理距离，使感情更加融洽，沟通更加顺畅。

想要成为一个懂礼节、受人欢迎的人，不管是与朋友相见，还是与陌生人相见，都要特别注意称呼的问题。而错误的称呼，不仅会闹出笑话，还可能会引起不必要的误会。那么，问题来了：我们该如何称呼对方呢？

称呼要考虑对方的年龄。对现代人来说，年龄是一个非常敏感的话题，尤其是女性，最忌讳别人说自己老。见到长者，一定要尊称，特别是当你有求于人的时候。

称呼别人的时候，还要考虑到自己与对方关系的亲疏远近。比如，你和兄弟姐妹、同窗好友见面时，直呼其名会显得更加亲密无间，无拘无束；否则，见面后一本正经地冠以"班长"之类的称呼，反而显得疏远了。当然，为了打趣，故作正经，开个玩笑，也是可以的。

在工作场合，如何称呼对方就更为重要了。对同事而言，最好不要直呼其名，也不要过分亲昵，更不能擅自替人家起绰号。

对上级和领导而言，要区分不同的场合。私底下，可以对男性上级称呼"哥"，对女性上级称呼"姐"，一来显得亲切，便于双方坦率地沟通，二来还能增进感情。一般来说，性情友善的领导都会喜欢这种称呼。但是，在正式场合，就要用正式称呼了。

当双方为某事争执时，也可以将"你如何如何"改为："×先生（太太、老师、大夫等），您看，这件事可不可以这样……"多一句称谓，说话的节奏放慢了，气氛也和缓了许多。

总之，我们要根据对方的年龄、职业、地位等一系列因素选择恰当的称呼，同时，还要注意说话的场合，避免因称呼不当而带来负面影响。

无所不能的人都懂得如何措辞

说话不只是一种感觉，还是一门技术。同样的内容，用高明的措辞说出来，可以让他人更乐于接受。

我们的说话方式往往会影响我们取得成功、收获幸福的能力，但很少有人注意这一点。就像烹饪有食谱一样，说话也有它的"秘方"。措辞适当不仅能悟透说话之道，还能很快在众人中脱颖而出。

台湾节目主持人、作家蔡康永说过："把说话练好，是最划算的事。"这里需要再补充一句，在职场、社交、商务合作、谈判等所有涉及人际交往的场合，懂得措辞的人更能游刃有余，更能成为社交场上的大赢家。

想必很多人都经历过这种情况：约会当天，对方迫不得已突然给你打来电话，说："对不起，公司突然要我加班。今天的约会取消吧。"试想，如果你是被通知的一方，除了失望，可能还会产生这样的感觉："他/她并不重视我……"原本激动的心情，瞬间就会被阴云笼罩。

那么，究竟是哪里出错了呢？或许很多人会说突然加派工作的领导实在可恶。也许是这样，但这不是问题的关键，关键的问题在于，取消约会的"措辞"实在叫人丝毫感受不到被重视。

如果状况可以逆转，何不试试这样说："对不起，我突然有工作要做，其实我很想见你。"不用说，被通知方的心情立刻就会变得不一样，而且这样的措辞与表述，还使本来很简单的"取消约会"反倒变成了"加深感情"的

火焰。

　　其实，与恋人聊天、汇报工作、日常生活、求职面试等，越是人生中的重要时刻，措辞对结果的影响就会越大。我们甚至可以说，措辞能改变人生。事实上，能力突出的人都懂得如何措辞。

　　通常，人们很容易不假思索地把自己脑中的想法直接说出来。然而，这样做不仅常常事与愿违，而且很容易招致别人的反感。例如：你的远方亲戚给你寄来很多柚子，家人都已经吃腻了，而你不想让剩下的柚子白白烂掉。这个时候，千万不要直接说："大家继续吃啊！"而是应该试着揣测吃腻了柚子的家人的心理，"柚子可千万不能再吃了"应该就是家人的想法。此时，你需要再次忘记自己的请求，想一想家人的喜恶。现在正是容易感冒的季节，家人都很在意这一点，没人愿意生病。于是，你就需要考虑一下符合家人利益的措辞，当然还要兼顾到你的心理，这时，你可以这么想：既然家人不想感冒，何不这么说："多吃柚子就不会感冒了。"家人听了这样的措辞，一定会变得乐意吃柚子，而你的目的自然也就达到了。

　　如此看来，传达同样的内容，如果使用了不同的措辞，对方的接受方式和行为就会发生很大的变化。其实，很多时候，为了让对方更容易接受自己的请求，我们不妨以"投其所好"的形式提出自己的请求，对方自然会乐于接受。

使用沉默技巧，也是有方法的

在社交场合，滔滔不绝地讲话并不是一种高明的社交技巧，适当保持安静才更有效。

说到沉默，或许很多人认为沉默根本就算不上是交流。事实上，沉默是一种非常有效的交流智慧。交流的目的在于传递信息，而沉默有时候比任何言语的效果都要好。

一项研究发现，在人际交流中，只有7%的信息是通过语言传递的，而剩下93%的交流则是通过语调、音量、面部表情、手势、身体语言等这些非语言因素来实现的。可以这么说，绝大多数交流都是非语言的，而沉默就是一种被大多数人认可的社交手段。

很多人都有过这种体会：我们总是说得太多，说起某件事情夸夸其谈，以至于忘记了自己最初要表达的意思。相反，在人际交往中，适当运用沉默却可以让我们用更少的语言来传达自己的想法，更好地促进交谈。因为当我们不再滔滔不绝时，我们才可以集中注意力倾听对方的话，理解对方的意思，同时也能捕捉到更多的非语言细节。

在交流中，适时沉默还能加快问题的解决。沟通的目标不是争输赢，而是信息分享和做出决策，善用沉默就能更快地达成一致。而且很多时候，恰到好处的沉默还能收到此时无声胜有声的效果。试想，如果对方上一分钟还在滔滔不绝地说个不停，忽然停了下来，陷入沉默，则必然会让听众对其产生好奇心，想要一探究竟。

不过，请记住很重要的一点，那就是沉默也会被误用。这种情况通常出现在一些冷暴力的关系中，有些人用沉默来表达愤怒，有些人则用沉默来惩罚或者伤害对方。即便如此，也不要因为一些沉默带来的负面情绪而阻碍你运用这种可行的交流形式。

当然，在沟通中使用沉默确实需要一些勇气，而且这个技巧并非任何时候和任何情况下都适用，所以，你得花费一些时间，通过一些实践练习才能学会恰到好处、合乎时宜地正确使用它。

不管怎样，一旦你学会了如何有效地使用沉默，你的沟通就会变得愈加强大而有力。特别是在对方的注意力不集中时，或碰到那些经常表现出毫不在意对方的交谈对象时，沉默确实是种有效的心理技巧。不过，你仍然需要谨慎运用。

随便打断他人说话，只会令人生厌

培根曾说："打断别人，乱插话的人，甚至比发言冗长者更令人生厌。"

很多人都特别讨厌别人打断自己说话，但总是喜欢打断他人说话，殊不知打断他人是一种没有礼貌的行为。比如，当他们与朋友谈论一个话题时，对方正在发表自己的见解，可他们听到一半，还未等对方说完，就突然冒出自己的观点，急于发表自己的看法；或者，当对方刚要讲一个故事，起了个头，这个故事又恰恰是他们听过的，他们便不假思索地说"啊，这个我听过"，于是，马上阻断对方，让对方不知是否需要继续讲下去。

说话谁都会，但如何把话说得有艺术，把话说到对方心坎里，从而建立良好的人际关系，却不是每个人都能做好的。当别人表达观点时，有种人只管构思自己的想法，根本听不进别人的观点，这样很可能导致观点重复，话题偏移，浪费双方的时间。

倾听，意味着情感的分享，需要我们放弃自己的立场，完全进入对方的世界。一说到倾听的重要性，大多数人总认为自己很有耐心，其实你只是想为自己赢得更多的好处，你的内心始终有一股推动力，想要迫使倾听结束，然后表达自己。不可回避的是，你的内心存了太多"自我"的私念，忍不住想要打断对方，这就不是纯粹的倾听了。

其实，要想更好地与人沟通，就得学习一点倾听的技巧。因为人际关系的成功重点在沟通，而沟通的关键则在于倾听。在直抒胸臆之前，你先听听对方

的话是很有必要的。

然而,对许多人来说,做一个好的听者,却是一件很难做到的事情,他们总是按捺不住内心诉说的冲动。其实,没有人喜欢自己说话时被别人打断,推己及人,我们对其他人也需要保持这份礼貌。除非一些特殊情况,不说出来很可能就会忘了,否则千万不要在别人话说时突然打断,以免错过谈话中最精彩的部分,而且给别人留下一个不好的印象。

所以,在任何一种谈话场合,不论对方的话有多荒谬、有多可笑,也不论你是不是理解或反感对方所说的话,都要忍住辩驳的冲动。你要记住,一个人越有水平,他在听别人讲话时就越认真。

人际沟通注重和每一个人进行良性互动,既不能偏重某些人,又不能只顾自己,想说什么就说什么,否则,你只是在发表意见,而不是在沟通。一个善于沟通的人,必须既能随时照顾别人的感受,又能适时表达自己的意见,这才是良性的人际互动。

当你迫不及待地想要打断别人时,你应提醒自己多给别人一些表达的机会,这样才有助于获得人际双赢。如果你实在想要插嘴,也应该得到他人的允许或者是暗示,在最好的时机把自己想要说的表达出来。

如果你在生活中遇到这类人,不妨多些宽容,多给他们一些自我表达的机会,耐心倾听他们的想法,然后适时用语言暗示:"现在我可以说了吗?"当然,你也可以善意地提醒对方:"希望在我说话的时候,你先不要插话,好吗?"这种方式能够提醒对方调整自己的人际沟通方式,从而实现更顺畅地交流。

记住，你还有两只耳朵

生活教会我们的，除了诉说，还有倾听。很多时候，主动、持续地倾听对方的讲话，并加以总结，就会给对方传递这样一个信息——"我非常尊重你""你的看法十分重要"。

在现实社会里，人与人之间传递思想、交流情感的主要方式就是说话，但是真正会说话的人不仅会说，而且善于倾听。但是你可知道——90%的人在交谈中，总是倾向于以自己的意见、观点、感情来影响别人，喜欢说个不停，觉得唯有这样才能达到交谈的目的。实际上，在交谈中，有效地倾听也许比说更为重要。

人与人进行面对面的交谈时，认真聆听对方的讲话，可以收到良好的谈话效果。聆听别人的讲话，可以从对方说话的内容、声调、神态中，了解他的需要、态度、期望和性格，对方自然会与你接近，这样你就可以建立较广泛的人际关系。

耐心倾听对方的话，等于是在告诉对方"我很乐意倾听你在说什么"，这其实是对讲话者的一种尊重，在一定程度上满足了对方的需要，使彼此间的交往、交谈更有效，关系更融洽。

而且倾听别人讲话，也是在为自己说话做好准备。这样一来，你便可以整理自己的思想，思考自己所要说的话，寻找恰当的词句，以完善自己的见解，给人留下深刻的印象。

不可否认，倾听是搞好人际关系的第一步，认识倾听的重要性将有助于你成为一名高效率的倾听者。而有效的倾听是可以通过学习获得的技巧。这里就列举几种增进倾听技巧的方法：

把注意力完全放在对方身上，明白对方说了什么、没说什么。

倾听别人说话，客观地考虑他人的看法，会让说话的人觉得我们很尊重他的意见，这样做不仅可以培养开放的气氛，交换彼此的意见，还能使彼此建立融洽的关系。

要想做一个善于倾听的人，就要做到不随便打断对方的话。

真正会倾听的人善于从对方的言语中觉察出某些信息，包括对方的兴趣、情绪以及日常习惯，透过这些信息，可以了解对方喜欢的话题，进而聊到对方的心坎儿里。

用你自己的话简要地复述对方所讲的话，这样会让对方觉得自己很重要，从而使对话不至于中断。当然，前提是要提及对方说话的重点。

用心倾听对方说话，可以帮你把注意力集中在对方所说的重点和想要表达的想法上，并在心中熟记这些重点和想法。

每个人对某件事情或是某个人都有自己的看法、结论和感受，虽然你和对方的观点可能不一致，但是你仍然要懂得尊重说话者的观点，这样才能做到彼此接纳，建立融洽的关系。

这些倾听技巧将帮助你成为一名成功的倾听者。如若养成每天运用这些技巧的习惯，将它们内化为你的倾听能力，你就会对由此带来的结果感到无比惊讶。

永远让对方多说，轻松促成有效对话

听人说话能让你了解对方的心意，把握对方的想法和要求。让对方多说，才能使你们的对话更有效。

在我们周围，每天都有很多人为说话而苦恼——有的没办法与妻子好好沟通，导致夫妻感情破裂；有的无法向朋友清楚地表达自己的感受；有的则是兼而有之。

很多时候，当你不同意别人的观点时，你很可能会想阻止对方，但千万不要这样做。因为当对方还有很多意见急着要发表的时候，他几乎不可能理会你。要知道，所有获取快乐的手段，都比不上能够随心所欲地表达自己的想法。

一位法国哲学家说过这样一句话："如果你要得到仇人，你就要比你的朋友表现得更加出色；但是如果你要得到朋友，就让对方表现出比你出色。"意思很明白，如果你的朋友胜过你，他们就会产生一种自重感；反之，他们就会产生一种自卑感，并且开始猜疑和妒忌你。因此，如果你不同意别人的话，并且你很想打断对方，请不要那样做，可以抱着一种开阔的心胸，诚恳地鼓励对方说出自己的看法。

玛蒂娜小姐是一位职业顾问，可是在她刚就职的三个月里，在同事中连一个说得上话的朋友也没有。

玛蒂娜为此感到很不解："我的工作干得很不错，我一直为自己感到骄傲。奇怪的是，同事们不但不愿意跟我分享我的成绩，而且似乎很不愿意接近我。可是，我渴望和他们做朋友，而不仅仅是做同事。"

于是，她找了一位专业的心理咨询师聊天，在上了相关的心理辅导课之后，她开始按照这位心理咨询师的要求去做。工作场合，她很少谈论自己，而是多听同事说话。她发现，其实同事们也有很多值得夸耀的事。好几次，她都有一种深切的体会："每当同事们告诉我他们自己的故事时，我能体会到这比听我的自吹更能让他们感到兴奋与愉悦。"

现在，玛蒂娜和同事们在一起聊天的时候，她都会做一个耐心的倾听者，分享他们的故事。只有当对方问及，她才略微地谈论一下自己。

有时候，弱化我们自己的成就往往会让你更有人缘。即使是我们的朋友，他们也不愿意我们一个劲儿地夸耀自己的过去，而愿意听你谈论他们的成就。有句俗语是这样说的："最大的快乐，便是从我们所羡慕的强者那里发现弱点，从而让我们得到满足。"这其实正是人性的弱点所导致的。

所以，如果你希望你们的谈话进入佳境，如果你想成为沟通高手，那么请记住这项社交修炼法则：让对方多说话，多鼓励他们谈论自己的事情，这不仅有利于在商业方面赢得订单，而且有助于处理一些家庭当中的纠纷。

最近一段时间，芭芭拉太太和她的女儿露西的关系搞得很不愉快。其实，露西以前是个十分乖巧和听话的孩子，但是在她十几岁的时候，却与母亲产生了很多矛盾。而芭芭拉太太曾试图用各种方法教训她，但是都无济于事。

有一天，芭芭拉太太伤心地跟一位女性朋友说："她根本不听我的话，我几乎放弃了所有的努力。当她从外面疯回来后，我照旧骂了她，对她我已经没有耐心了。"

露西似乎看出了她的痛苦，她问芭芭拉太太："你真想知道这是为什么吗？"芭芭拉太太点了点头。

于是，露西开始告诉她以前从未说过的事情："你总是命令我做这做那，从来没有想过要听听我的意见；当我想跟你谈心的时候，你却总是打断。"

芭芭拉太太这才认识到，女儿其实很需要自己，但她又希望自己的妈妈不是一个爱发命令、武断的人，而是一位亲密的朋友，这样她才能倾诉烦恼。可是，在此之前，她却从未注意到这些。

这次对话后，芭芭拉太太开始试着给女儿畅所欲言的机会，而她也尽量做到耐心倾听。现在，这对母女几乎成了无话不说的朋友，她们的关系越来越亲密了。

成为沟通高手几乎是每个人梦寐以求的事情，其实，你只要掌握一些训练方法，就能做到。让对方多多说话，鼓励他们谈论自己的事情，就是一条重要的社交法则。

争论永无赢家

在大多数情况下，争论非但不会令双方和解，反而会火上浇油，令双方更加坚信自己言之有理。

谁都知道沟通的重要性——好的沟通能让你的工作与生活都得心应手，然而在人际交往时，各人还是会坚持自己的观点，相信自己是绝对正确的。难道这样就能让自己保持不败吗？别做梦了。

争论产生的结果只能是失败，即使从表面上看你胜了，实际上与失败没有什么区别。因为就算你把对方驳得体无完肤，甚至指责对方神经错乱，结果又会怎样？一场争论之后，你逞了一时之快，心里乐开了花，但是对方却会因此感到自卑。你伤了他的自尊，他对你自然心怀不满。既然争论百害而无一利，那么何不像避开毒蛇和地震一样，尽量避免争论。

在第二次世界大战后不久，澳大利亚飞行家詹姆斯成了举世瞩目的人物。一天晚上，卡耐基先生应邀参加了欢迎詹姆斯的宴会。

宴会间，一位先生给大家讲了一段诙谐幽默的故事，但是，他却记错了其中一句格言的出处，而卡耐基先生恰好知道这句格言出自莎士比亚的某篇作品，于是，他毫无顾忌地纠正了这位先生的错误——这句格言并非出自《圣经》。

然而，讲故事的那位先生却坚持自己的说法，自信地说："什么？那句话出自莎士比亚？不可能，绝对不可能。"

当时，卡耐基的老朋友加蒙目睹了全过程，而他也是研究莎士比亚的专家。于是，讲故事的先生和卡耐基就让加蒙来决定他们俩谁说得对。加蒙在桌子底下踢了卡耐基一脚，然后说："卡耐基，你是错的，这句话的确出自《圣经》。"

宴会后，卡耐基在回家的路上责怪加蒙说："你明明知道那句格言出自莎士比亚之口，为什么还要说我说得不对呢？"

"是的，你说得没错，那句格言确实出自莎士比亚的作品，可是，我们为什么一定要找出一个证据，去指责别人的错误呢？你觉得这样做会让别人对你产生好感吗？我们与人打交道，难道就不能给他人留一点面子吗？"加蒙说。

为何很多人总是喜欢跟他人争辩呢？要知道，每个人都是独立的个体，每个个体都有自己不同的生活方式和价值观。同一件事情，总会有不同的想法和态度，一味坚持对方是错的，那又能怎样？也许你会因此洋洋自得，但是对方却因为蒙羞而怨恨你。

有位汽车推销员，从业多年，但是并不怎么成功，他总是喜欢同他的顾客大声争辩，并冒犯他们。一直以来，他都有一个困扰：虽然赢过不少争论，心里也为此洋洋自得，可是最后什么也没有推销出去。

其实，在很多情况下，我们都应该永远记住这句话：不要和他人发生正面冲突。即便你一贯争强好胜，以反驳他人为乐趣，赢得了一时的胜利，但是这样得来的胜利毫无意义和价值，只能伤害彼此的感情。

几乎每个人都做过这种事：只要能赢就可以不择手段，但是人性中偏偏存在这么一个弱点——没有人希望承认自己有错，人人都希望得到别人的认同。所以，你是宁愿要一个毫无意义、表面上的胜利，还是希望得到别人的好感呢？

很多时候，赢得一场争论只能让你胜利一时，逞口舌之快并不能让你更有智慧，只会有损你的教养，让你失去自控力。尽可能对别人谦让一些，你才能学到更多的东西。

第7章

和谐相处之道
——如何搞定难对付的人

在社交场合，总有一些人是你无法回避的。那么，该如何处理呢？是迁就、强迫，还是妥协？这些反应都是"无效的社交方式"，真正有效的解决方式是"协同"，通过坦诚沟通，努力找出和谐的相处方案。

有位嫉妒心重的朋友，怎么办

嫉妒是人与人相处的一种心态，这种心态既会影响自己的情绪与发展，又会影响人与人之间的交往。

　　嫉妒心是每个人都会有的"心魔"，人们为了竞争一定的权益，往往会对相应的幸运者或潜在的幸运者怀有一种冷漠、贬低、排斥，甚至是敌视的心理。

　　可以说，妒忌心是每个人都存在的心理，一个人所嫉妒的对象一般是工作、生活环境中的同事、同学，或是与自己有较大利害关系的人，因为这些人同自己关系密切，是其直接竞争的对手。而嫉妒自己的兄弟姐妹更是人类正常的情感之一。

　　有些时候，嫉妒心也不全是坏事，因为嫉妒常常引人虚心向别人学习，发现自己的不足，通过自身努力赶上或超过别人，在这个过程中，人的嫉妒心理是向上的、健康的，是积极要求自己上进的。

　　但有些嫉妒心重的人却是可恨的。他们不能容忍别人的快乐与幸福，不喜欢别人比自己强，一旦别人比自己强了，就容易生气，或是心里酸溜溜的。于是，有的人挖空心思用流言蜚语对别人进行恶意中伤；有的人会故意做出一些小动作，破坏别人的幸福；有的人甚至还会写一些匿名信；等等。这样的人明明就是"吃不到葡萄说葡萄酸"，他们的心理极其自卑、阴暗，享受不到阳光的美好，体会不了人生的乐趣，永远生活在他们自己的黑暗世界里。因此，请

记住这一点：嫉妒不过是对强者的愤恨，这种愤恨只会使自己止步不前，甚至走向不好的极端。

那么，如果我们遇到一个嫉妒心很强的人，又该如何与其相处呢？这里给你提供几个建议。

与嫉妒心很强的人相处时，最好不要特意采取一些方式来对付他们。因为嫉妒心强的人本来就多疑、爱猜忌。所以，与其费尽心思琢磨如何与其相处，不如把他们当作普通人来看待。

有时候，有些嫉妒往往因误会而产生，这就需要用心平气和的方式与对方进行交流；否则，误会越来越深，很可能会干扰和破坏正常的人际关系。

对嫉妒者要采取鼓励的态度。因为嫉妒者之所以嫉妒，往往因其处于劣势，心理上容易失落和不平衡，虽然表面上看气势十足，但内心却是空虚的、悲观的。所以，与嫉妒者相处时，要学会从客观的角度分析他的长处，增强他的信心，进而转变他的错误想法，而且还要在力所能及的情况下，为嫉妒者提供一些实质性的帮助，使嫉妒转向公平竞争。

俗话说："恨是离心药，爱是胶合剂。"所以，对你身边有善嫉妒之人，如果能够用爱心去感化嫉妒者，则恩怨自然会化解。

如果嫉妒者向你发出挑战，你可以退避三舍，以不失原则的适度忍让来化解嫉妒。有时候，有原则的忍让可以抑制无原则的争斗。

假如有人骗你

每个人都不希望被人骗，可是却都有过被骗的经历。如果有人骗你，你该如何识破他的谎言呢？

生活中，每个人都有过欺骗和被欺骗的经历：

"我昨晚没干什么，真的和同事打球去了，不信，你闻闻我的汗味。"——事实上，他只是在和旧爱约会后又去花园里跑了一圈。

"不好意思，领导，今天我的孩子生病了，我得带他去看医生。"——事实上，这位下属只是起床晚了。

……

相信每个人都经历过谎言。有些谎言是为了让自己保持正面形象；有些谎言是为了掩饰真相，避免尴尬；有些谎言是为了获得利益，避免惩罚；有些谎言则是怀着善意的提醒。

既然谎言几乎无处不在，那么，如何判断一个人是不是在说谎呢？识破别人谎言的时候，又该怎么做呢？也许有人会说，只要用点心就能发现其中的蛛丝马迹。但是识别谎言远非一个靠用心就能解决的问题，判断一个人是否说谎，一个最基本的原则就是他与正常情况下的那个人是否一致，这就需要你从多方面去观察，包括他的肢体动作、表情、呼吸、眼神、语言是否异常，前后叙述的细节是否一致。

当然，这里所说的谎言识别，是对有一定了解的人而言。如果你对对方并

不熟悉,也是很难发现"马脚"的。以下的一些表现,有可能就在说明这个人是在说谎。

说谎的人很可能有一些异常的肢体动作(就是他平时很少有这样的行为),例如,边说话边摸鼻子,边说话边摸喉咙、脖子,边说边抖脚,反复搓手等。

说谎的人往往会有一些平时较少出现的表情,例如,平时比较严肃的人突然伸舌头,哈哈大笑;平时对你挺冷淡的一个人,突然对你很亲昵。

一般人在说谎时,总会有点紧张,心跳和呼吸都比平时要快。所以,留心一个人的呼吸也能大致判断其是否撒谎。

有时候,说谎的人非但不闪躲对方的目光,反而更注重眼神的交流,希望从对方的眼神中看出你是否相信他。当然,平时就爱用眼神交流的人除外。

说谎时,语速要么太快,要么太慢,与平时差异很大。而且人在说谎的时候,说话有可能明显比过去多,重复的次数也比较多。另外,说话时第一人称用得较少,比如说"车坏了",而不是说"我的车坏了";说"病了",而不是"我病了"。遇到这种情况你要小心了,说不定那就是一个谎言。

相信任何人都不希望被人欺骗,很多时候,人们说谎只是因为说谎对他们有利,因为说谎可以隐瞒某些事,从而免受伤害或者避免麻烦。那么,说谎这件事或是说谎之人,是否值得原谅,还需看是否会对其他人造成伤害以及伤害程度如何。

对于说谎这种欺骗行为,说谎者绝不应该轻率地以为,受骗者都愿意被蒙在鼓里;而抓谎者也绝不应该轻率地以为,自己有必要识破每个谎言。如若将精力集中于欺骗行为本身,势必会让善意烟消云散。要知道,谎言有很多种,如果是善意、无伤大雅的,我们选择相信,无疑会增加幸福感、减少伤害,这样大家都会好过一些。

面对背后说人坏话的人要理智

一个人能够理智对待说自己坏话的人,必然是一个有素养的人。

在这个世界上,恐怕每个人都有过背后说人坏话的经历。虽然没有人想让自己被视为"烂舌头",但是无论是在家中,在公司,还是在朋友之间,我们仍然会执迷不悟地一头扎入有罪的快乐中。这是为什么呢?

先来看这样一个例子:

A女士与另外一个部门的同事B并不熟悉,一次公司聚餐后,A女士与B走在一起,A女士故意说起B所在部门的主管的坏话以及两个人之间存在芥蒂。B同事听后,顿感遇到了知音,一吐内心的不快。

对很多职场人士而言,这样的情景并不陌生。说人坏话的行为固然不值得赞赏,但是它的作用就是这么神奇,不在场的人顿时变成了坏人,而评判者一下子变成了好人。不仅双方都感到开心,而且原本不熟悉的两个人因为说了同一个人的坏话,迅速拉近了彼此的距离。而且很多时候,说另一个人坏话更能显示自己的真诚和信任,听者也会因此受到感动,并自愿吐露心中的"秘密"。

尽管背后说人坏话的行为不被看好,但不可否认的是,说别人坏话却有着一种积极的作用——让具有相同的价值观和判断力的人更容易走到一起。不少职场新人恰恰是通过办公室里的流言蜚语,迅速融入圈子,了解职场潜规则。

当然,也有一些时候,如果一个人的内心变得很焦虑,为了表达自己的情

绪，往往会以说别人坏话的方式来获得安慰和帮助。或是当一个人很难认同自己时，他也会用诋毁别人的方法来肯定自己。其实，承认自己的不足，可以更好地帮你了解和接受自己，也包括自己的阴暗面。

既然是坏话，势必具有一定的破坏性，如果有人说了一些关于你的坏话，而你又通过第三者得知了此事，你又会怎么做呢？让我们举例来说：

X对Y说了一些关于你的坏话，一次偶然的机会，Y竟然把这件事告诉了你，换作是你，会怎么做呢？在这种情况下，建议你对Y这么说："我会与X核实一下他所说的话。"

然后，你私底下找个机会，对X说："你似乎这么说过我，但是我不明白你为什么不直接对我说，既然与我有关，我们何不一起讨论一下？"

如果X试图将矛头转向Y，你千万不要中了X的圈套，你只需要明确、果断地告诉X："我不想说Y的是非，我更愿意谈一谈我们之间的问题。"

很多时候，当我们毫不知情地被别人贴上一个负面的标签时，无论我们做什么，都会被人按照坏话指控的那样来看待。在这种情况下，我们就要和散布谣言的人进行有效的沟通。但是，如果说坏话的人死不认账，你就把这个时机视为一次机会，要求对方严肃地考虑一下自己的行为，并重新建立对话。事实上，如果你能做出如此冷静的反应，对方以后再在背后说你坏话的可能性将会少很多。

另外，喜欢在背后说人坏话的人，应该尽可能地赞美他人，因为这不仅仅是在赞美别人，而且也是在赞美你自己。而当你向别人散播另一个人的谣言时，对方耳中听到的虽然是一些不好的描述，但是他眼中看到的却是你的脸。每当别人日后回忆起此事，脑海里浮现的绝非关于第三者的负面信息，而是你的脸。久而久之，这个听者就会不自觉地把那些负面信息和你联系在一起，最终变成了对你本人的描述。所以，为了保险起见，最好不要说关于任何人的任何坏话。

和优秀的人在一起,你才能更优秀

一个人身价的高低,往往是由他周围的朋友决定的。朋友越优秀,意味着你的价值就越高。

现实生活中,很多人常常畏惧与比自己优秀、比自己能力强的人交往,觉得很自卑、很有压力,其实,与优秀的人相处,真的是受益良多。

有句话说得好,"和什么样的人在一起,就会有什么样的人生"。和积极上进的人在一起,你不会堕落消沉;和快乐活跃的人在一起,你不会郁郁寡欢。可以说,你和谁在一起甚至能改变你的成长轨迹,决定你的人生成败。

人类是唯一能接受暗示的动物,在积极暗示的影响下,人们会有积极向上的情绪和健康的生理状态,这样更容易激发人的潜能,发挥出超常水平。相反,如果你的身边尽是消极、低沉的人,即使原本你很优秀,但是受周围那些消极之人的影响,你也会渐渐缺乏积极向上的动力,变得日渐颓废、平庸。

的确,生活中最不幸的事,莫过于你的身边缺少积极乐观的人,缺少有远见卓识的人,那样你的人生也会变得平平庸庸、黯然失色。其实,越是强者,越有很多宝贵的经验和资源。

有人说,人生有三大幸运:上学时遇到一位好老师;工作时遇到一位好老板;成家后遇到一个好伴侣。如果你想变优秀,你就要和更优秀的人在一起,这样你才会出类拔萃;如果你想变聪明,你就要和更聪明的人在一起,这样你才会更加睿智。

即使你已经很优秀了，依然需要跟更强的人交往，向更优秀的人学习。人生的奥妙之处就在于与人相处，携手同行。而一个人身价的高低，往往是由他周围的朋友决定的。朋友越优秀，对你的帮助也越大，意味着你的价值越高。人生就是这样：和不一样的人在一起，就会有不一样的人生。

所以，当你下一次遇到比自己能干的人，你不妨试着主动开口："我遇到一个问题，不知道你是否可以帮助我？"看看对方有什么反应。至少这会给彼此一个更深入了解对方的机会。不过，有时这也常常让人觉得尴尬。那么，如何才能做到既能与比自己强的人友好相处，又不会觉得自己很差劲呢？

建立别人拿不走的自我价值

每个人都有一条属于自己的路，清楚地了解自己的潜能，发挥自己独一无二的优势，才能真正实现自我价值。你拥有别人拿不走的东西，说明对别人而言你才是"有用"的，而越是"有用"，就越容易建立稳固的人脉关系。

善于传递你自己的价值

在人际交往中，我们要善于向别人传递自己的"可利用价值"，这样才有助于促成交往机会，使彼此更深入地了解、信任对方。而一个不敢与他人交流、有社交恐惧症的人，是很难建立起自己的人脉圈的。

向他人传递别人的价值

如果你很有价值，你身边就一定有很多同样有价值的朋友。在这种情况下，如果你只是一个接受或发出信息的"终端"，则意味着你的人脉关系产生的价值也是很有限的。但是如果你能把这些同样有价值的朋友联系起来，扮演好一个关系网的"推荐引擎"的角色，那么，相信更多的朋友都会乐意与你交往，而你也能促成更多的社交机会。

总之，寻找并建立自己的价值，然后把自己的价值传递给身边的朋友，并且促成更多信息和价值的交流，这也是建立强有力的人脉关系的一条基本逻辑。

对待爱发脾气之人的安全方式

脾气好坏,人各有别,而且大多数人的脾气都是天生的。但是,控制脾气的能力,却是可以通过后天精心修炼的。

不论在任何种场合,我们都得和形形色色的人打交道,他们每个人都有独特的性格,同时也有自己的情绪和问题。有这样一类人,他们总是忍不住脾气暴躁,动不动就火冒三丈。而你的身边往往也会有这样的人存在,他们会让你的生活一团糟,可你还不能忽视这样的人,还得同他们打交道。

特里是一名好主管,但脾气经常会失控,忍不住对同事大喊大叫,甚至对自己的老板也不例外。虽说特里的脾气来得快,去得也快,但是这个不好的习惯久了,就会影响整个团队的工作,而且往往需要很长时间才能回归正常。

就特里的这个脾气,老板说过他好多次,但总是收效甚微。

用嘴伤害人,的确是一种愚蠢的行为。被吼之人,甚至是身边的亲人、朋友,在事后或许会花上几个小时,甚至是几天的时间,才能恢复正常的工作状态。很多时候,一个人生气时所说的话就像钉子一样会在别人的心里留下伤口,不管事后说了多少句对不起,那些伤痕都会永远存在。因此,这种为人处世的方式是绝对不可取的。

人的优雅关键在于控制自己的情绪。夸张一点来说,一个能控制住自我不

良情绪的人,比一个能拿下一座城池的人都强大。

但是如果我们周围就有一些脾气暴躁的朋友,又该如何和他们相处呢?针对这种爱发脾气的人,这里有一些建议:

暂时远离发脾气的人,例如把对方独自留在房间中,直到他平静下来。

待对方平静下来了,再同他来一次心贴心的交谈,并指出你能理解每个人都有情绪不好的时候,但是如果无论什么场合都不管不顾地乱发脾气,就不会被大家所接受了。

脾气不好的人,并非不讲理的人,还是会听进去别人的意见的,因此我们和这类人相处时,一定要好好地沟通一下,告诉他,应该学会怎么调控自己的脾气,总是发脾气也是不好的。只要耐心引导,你说的话他就会听进去的。

和脾气不好的人相处时,千万不要积攒自己的情绪,因为和他们相处时间长了,总是会听到发脾气的声音,如果我们积攒自己的情绪,很容易就会被他们的脾气所影响。因此,我们只有自己先调节好情绪,才能和他们更好地相处。

不要与脾气急躁的人斤斤计较,因为他们最容不得那些在细节上考究的做法。所以,你需要有宽宏的气度,以柔克刚,自然就会化急躁为温和。

掌握与爱发脾气的人交往的主动权,尽量不要使产生"小脾气"的条件出现。当产生"小脾气"的时候要巧妙地引导对方按你所设计的进程平缓而有序地展开。即便你有不赞同的观点或意见,也不要针锋相对,当即反击,可以先听完,再采取"后发制人"的办法。

留意那些过于敏感的人

学会理解他人以及我们的情绪反应,不仅能更好地理解周围的人,还能给自己的心灵带来更大的宽慰。

在我们身边,总有一些人交往起来让人感觉如履薄冰。别人无意的一句话都可能让他们听出敌意;别人说话轻了、说话重了都会让他们郁闷很久。这样的人感情特别脆弱,神经总是绷得特别紧,我们称之为"敏感"。

比如,面对被人批评这件事,虽然大多数人还是能够接受建设性的批评,但是敏感的人却对所有批评都表现得深恶痛绝。不管遇到什么情况,只要别人做出哪怕是最轻微的批评,他们都会变得神经紧张,说你是在找他们的茬。

在每周一次的例会上,领导因为W姑娘在数据核算上的一个失误而白白搞丢了一个利润很高的项目,当众批评了她。

散会后,同事A恰好从W身边经过,只是不经意地多看了她一眼,却惹得生性敏感的W一通无端的猜忌,"A是不是在嘲笑我丢了项目?""A为什么要用同情的眼光看我,我是需要同情的人吗?"

于是,整整一天,W姑娘被焦虑和多疑淹没,将自己和周围的一切都隔绝开来。

其实,由于这位W姑娘害怕被批评,因此在平时的工作中就经常表现得非常谨小慎微,为了不去犯哪怕是最小的一个错误,她总是需要反反复复地检查。

虽然这确实能够降低她遭受批评的可能性，可是她所消耗的时间也往往会拖累整个团队。更糟糕的是，每当需要她做出决定的时候，她总是支支吾吾、犹豫不决。

很多时候，粉碎幸福感的往往不是成堆的工作、复杂的人际关系，而是一个人敏感又脆弱的玻璃心。一些看似微不足道的小敏感，往往能毁掉原本属于你的幸福。

就像朋友间难得的聚餐，大家觥筹交错间你一言我一语聊得正欢，你却为任何可能涉及自己缺点的话语而忧虑重重。朋友察觉到你的异样，以为是饭菜不合你的胃口，以为是你的工作遇到麻烦，于是别人在一起欢声笑语，你却被排挤到孤独的世界里胡思乱想。结果，这次聚餐伴随着大家的热情拥抱和对你的不解而结束，纵使你也有委屈，却再也改变不了别人给你贴上的标签。

其实，敏感就是低自尊的表现，而敏感之人之所以敏感，往往与早年的心理创伤没有处理好有关，一旦遇到某种可能引发创伤的类似刺激，他们就会表现出夸大、逃避或反击。比如，有人从小就因为个子矮而被人打击、嘲笑，由此产生无助感、弱小感，即便成人以后，他仍然可能对此表现得特别敏感。

或许每个人周围都有一个特别敏感的人，但是你又不能忽视这样的人，不得不同他们打交道，而且也许你就是那个特别敏感的人，那么该如何对待自己或是他人的这种"敏感"呢？

首先，当你与过于敏感的人相处时，态度一定要和善一些，注意方式方法。

其次，你可以先就他们已经完成的工作给予肯定，夸上一两句，再就可以改进的地方，提出一些建议。

最后，学会理解他人，可以从他人的需求角度去看待事情，而不是总是站在自己的角度考虑问题，从而忽略别人的感受。

另外，如果你是敏感的人，当你感受到周围人的情绪时，一定要保持冷静，这可以帮助你更好地解决问题。

怎样跟消极的人相处

如果你遇到消极的人，要尽量离他远远的，不要让对方的消极情绪感染到你。如果你不可避免地要与其相处，就要掌握一定的技巧。

你是否注意到，当你与某个人见面的时候，仅在几秒钟内，你在心里就会对自己说："我不喜欢与这个人接触。"现实生活中，有一种人似乎天生就有消极的毛病：他们总是在抱怨、指责、发泄、批评，不管你说什么，他们只会反对。不管什么事情没有完成，他们都总能找到借口。在他们眼里，似乎只能看到这个世界的阴暗面。在你的周围或多或少都会有这样一些人存在，与这样的人在一起往往会消耗你的能量，让你感受不到生活的阳光，更感受不到爱。

消极的人如同黑洞一样，不知从哪里冒出来并侵蚀你的生活。如果你不需要时常与这些人相处，当然可以尽量远离他们。然而，有时那些充满负能量的人恰恰是你最亲近的人，可能是你的父母、兄弟姐妹，也可能是你的朋友，尽管这些亲近的人是爱你的，但是他们仍然会用一些极端错误的观念来跟你沟通，甚至还会对你说出一些极具伤害性的话语。

或许你压根就不喜欢跟这类人沟通，但不幸的是，现实生活中，与这类消极的人打交道是不可避免的，这时就要想办法去处理了，否则很可能会不断地迎来矛盾与冲突。那么，我们该如何和消极的人相处呢？这里有几个方法，可以帮助你更有效地跟这类人交流。

把与消极之人相处看作一次挑战

当消极之人该干的事情不去干,而是找一堆借口的时候,别和他们针锋相对,也别试图用无意义的理由进行反驳,讲道理只会让他们的逆反心理变得更加强烈。

笑而不语

无论消极之人的言辞多么激烈,你只需要把自己抽离出来,保持笑而不语。如果可以,那就选择离开那个场所。有时候,消极之人只是想看到你的回应,当你没有给予回应时,他自然就会安静下来,因为自言自语实在没有意思。所以,笑而不语也不失为一种良策。

转移视线

当你的身边有人消极地抱怨他们的不幸时,首先要认可他们所说的事情,然后尽快转移视线,进入另一个话题。比如,你可以很真诚地对对方说:"我很抱歉听到这个。"然后提出一个比较积极的建议:"我们去喝杯茶吧,边喝边谈这个项目,我想知道你的一些想法。"

给予对方真心的赞美

有时候,给予消极之人一些赞美,可以让他们树立自信,同时也能把谈话氛围变得更加积极。为此,你可以就对方处理问题的方式说一些赞美的话,比如:"我很感动,你能在这么艰难的情况下解决这些问题,真了不起。"

多些同理心

每个人都会遭遇一些烦心事,都会有心情不佳的时候,也许你也经历过对方经历的那些事情,所以,当遇到这些消极的人的时候,你可以这样想:可能他们遇上什么不顺心的事了;可能他们昨晚没睡好;可能他们家里发生了什么事;可能他们正在经历挫折、失望,以致他们如此沮丧。

既然每个人在生活中都会经历一些消极的事情,而我们又无法了解别人的生活状况,那么我们就要尝试着去理解。你可以这样对自己说:"这个人现在的处境比较糟糕,这不是我引起的,我希望他没事。"也可以直接告诉对方:"真没想到你经历了这些事情还这么坚强,我也遇到过同样的状况,但处理得没有你好。"

先发制人

很多时候，消极的人往往并没有意识到他们消极的态度，所以，当你与消极的人进行谈话时，你可以使用反问的方式，先发制人。比如，如果你是某位态度消极员工的领导，可以这么对他说："你不愿意接受这份工作啊？"然后，对方很有可能会回应说："哦，不是，我并不是这个意思，您可能误会了……"如此就可以化解消极尴尬的气氛。

学会拒绝

如果对方一味地强调自己消极的情绪，而你也厌倦了总是考虑他人的感受、事事迁就他人的处事方式，这时请保持中立的语气，不生气也不沮丧，直截了当地告诉对方："对不起，听到这些我很难过，但我真的需要工作了，可能没有时间再听你抱怨。"

转变对方的消极能量

有时候，跟消极之人讲一些幽默、可笑的事情，往往可以帮助他们寻找快乐，转变消极能量。你不妨这么想：我要说些什么搞笑的话来转变这种负能量呢？这对发展你的人际交往技能、影响他人的能力都很有帮助。

第 8 章

人际交往就是从不间断地说服
——如何让人无条件地相信你

在人际交往的过程中,不可避免地会遇到双方观点不同的情景,如果处理不好,往往会给人际关系造成直接或间接的伤害。因此,说服能力与技巧就成了维系人际关系的重要因素。

"满足需求"就是最好的说服

人们被说服的前提，是他们的需求得到满足，否则，没有任何东西可以说服一个人同意你的主张。

我们都知道，在人际交往的过程中，良好的说服能力往往能够使人际关系变得更加融洽，可以说，它是维系人际关系的重要纽带。相反，如果没有良好的说服能力，遇到事情总是处理不好，就很可能会给人际关系造成直接或间接的伤害。

我们和别人交流时，用得最多的一个字就是"我"。这说明不管你是谁，在任何时候，在你的内心深处最关心的人都是自己。换句话说，你的目的永远是最重要的。

若是换个位置，站在对方的立场上想一想，你是这种心态，那么你想要说服的对象，肯定也是这种心态。这种想法本身并没有对错之分，这种心态，是每个人最基本的心理状态。

但是既然你关心自己的目的，你想要说服的对象也关心他自己的目的。那么，我们不妨考虑一下这个策略，那就是你要比对方更关心他的目的，也就是所谓的"投其所好"。这就好比在他燥热难耐的时候，你悄悄地递来一把扇子。你的行动恰如其分地迎合了对方的心理，当然就走进了他的内心，赢得了他的好感和信任。

　　章先生和万先生都是某科技产品的推销员，不久前，他们都被领导安排到同一位客户那里推销自己的产品，结果却大相径庭。

　　章先生这个人口才不差，说起话来滔滔不绝、绘声绘色。当他初到客户办公室时，还没来得及喘口气，就迫不及待地介绍起自己的产品，从质量讲到销路，又从现状讲到前景。虽然他的口才很好，不乏妙语连珠，但是客户多次不耐烦地想打断他的话。

　　最后，客户不耐烦地说："很抱歉，先生，我知道贵公司的产品很好，但是它真的不适合我们公司。所以，你可以停止演讲了。"章先生听了，一脸茫然，只好讪讪地离去。

　　同样是这家客户，万先生又是怎么做的呢？初来乍到的万先生没有张口就提自己此行的目的，而是利用和客户闲聊的空当，悄悄地观察对方的"底细"，从对方的办公布置等细节，他推测出对方的生活档次和消费品位。

　　于是，他没有向章先生那样一进门就主动为客户介绍自己的产品，而是先询问对方需要什么样的款式和档次，并且根据自己的判断，为客户仔细地分析该产品能够为客户省下多少开销。

　　到此，也许很多人会认为，万先生该向客户力推自己介绍的产品了，但是他并没有这么做，而是告诉对方，公司过段时间还会推出一款更新的产品，无论是从性能上，还是从节约客户开支来说，都是一个极好的选择，所以他建议客户若是不着急投入使用，则不妨考虑一下公司过段时间推出的这款新产品。

　　毫无疑问，万先生的话深深地感动了客户，他的话就像是丝丝甘泉，沁入了客户的心里，不仅满足了客户的需求，还使彼此之间建立起良好、融洽的合作关系。

　　为什么会有如此截然不同的结局呢？原因很简单。章先生只关心自己的目的，却没有考虑一下客户的想法。他一门心思只想卖出自己的产品，却没有关心客户真正想要的是什么。他败就败在在还没有弄清楚客户目的的情形下，就贸然推销自己的产品。

同样的一款产品，万先生因为敏捷地捕捉到了客户的真实需求，进而针对客户的需求推销自己的产品，并告诉对方这款产品能够为其带来多少潜在的利益。可以说，他是真心为客户着想。万先生之所以能成功，显然是赢在了策略上。他的每一句话都说到了客户的心坎里，因为那才是对方最需要的。

很多时候，如果我们能够做到比对方更关心他的目的，我们的说服计划就已成功了一大半。只有如此，我们才能实实在在地赢得他人的信赖和好感。在这个基础上，我们才会更容易实现人际关系的融洽与持久。

顾全别人的面子，才能掌控他人

每个人都会因为面子问题而或多或少与别人发生过冲突，这是因为每个人都很在乎面子。

常言道："树要皮，人要脸。"可见，"脸"在生活中的地位是极为尊贵的。但是这里的"脸"却并非看得见的那张脸，而是看不见、摸不着的脸面，代表着一个人的人格和尊严。给他人面子，就是尊重了他人的人格；扫他人的面子，就是侵犯了他人的尊严。

虽说保全他人的面子十分重要，但是生活中很多人却常常忽略这一点。我们总是在找别人的差错，根本不去考虑是否伤害到了那人的自尊。其实，很多时候，一两句体谅的话，就能保全他人的颜面，减少对他人的伤害。

一天下午，当伯克经过他的服装加工厂时，他刚好撞见几个雇员正在抽烟，而他们的头顶上正挂着"请勿吸烟"的警示牌。面对这种情况，伯克是如何处理的呢？

他并没有指着牌子，大发脾气地说："你们难道不识字吗？"而是走过去，递给每人一支烟，然后说："老兄，如果你们到外边抽，我会很感谢你们。"

员工当然知道自己破坏了服装厂的规定，但是这位老板非但没说什么，反而给了每个人一支烟。纠错是帮助别人改正错误的一种方式，但是纠错最忌讳的是让别人无地自容、下不了台阶。

在人际交往中，每个人都希望给别人留下一个好印象，因而表现出很强的自尊心。在这种心态的支配下，对方会因你使他下不了台，而产生比平时更强烈的抵触情绪。同样，他也会因你为他提供了"台阶"，保住了面子，而对你更为感激。所以，当试图纠正别人的错误时，我们最好用一种委婉的方式，给对方留一些面子，这样才会取得较好的效果，否则很可能会伤及他人。

不过，也有一些人在纠正他人的错误时，总以为自己占了理，就没完没了地讲大道理。其实，心理学研究表明，如果频繁地纠正他人的错误，就会失去作用。真正有经验的人在纠正他人所犯的错误时，总是懂得适可而止。纠错的话一经点明，就不宜反复。如果对方听明白你所说的，并表示考虑或是确实有诚意想要接受你的意见时，你就没有必要再说下去了。

每个人都要懂得尊重别人，尽可能避免伤害别人的人格尊严，这就是通常所说的"给别人面子"。给对方留足面子，是因为每个人都有被他人尊重的需求，一旦得不到满足，心理就会不平衡，甚至产生被侮辱的感觉。这么说来，给别人留足面子也是合情合理的。

谁都不喜欢被别人命令

如果你能把命令说成是你的想法或建议,则在某种程度上,对方往往很难再拒绝你。

当你想要别人做某件事或接受你的某个想法时,你会怎么做呢?是生硬地命令,还是友善地建议?相信大多数人会选择后者,因为建议就是一种好办法,不仅能维护一个人的自尊,给他一种自重感,而且更容易让对方接受你的要求和意见。总之,建议给你带来的是他人诚恳的配合,而不是坚决的对抗。

一位传记作家在写扬·欧文的传记时,访问了曾与扬先生共事3年的一位先生。这位先生回忆说,与扬先生共处的这些年,他从未听到扬·欧文给任何人直接下达过命令,他总是提出诚恳的"建议",而不是生硬的"命令"。

例如,扬·欧文从未说过"你做这个""你做那个",或"别做这个""别做那个"这种命令语气很浓的话,他总是说"你可以考虑一下这个"或"你觉得那样合适吗"。

当他口述一封信后,他常这样问助手:"你认为如何?"当他看完助手写的信后,他也会这样说:"也许这里的措辞改一下,效果会更好。"

在这位同事的眼里,扬先生总能给别人独自做事的机会,但又从不告诉对方该如何做;他总是善于让别人自己去做,使他们从自己的错误中得到提升。

建议别人,而不是强硬地命令对方,不仅能维护他人的自尊,而且能使对方更乐于合作，而不是与你对立。即使你处在"权威"的位置，为了维护他人的自尊，更好地说服对方，也必须用建议的方式来代替命令。要知道，请求或者建议实际上是命令的弱化，但是往往会使效果更好。而且人际交往中，若是没有命令、强迫或要求，很可能就没有反抗和抵触。

然而，有些人的做法却恰恰相反，他们自以为既然自己是某个部门的领导，就要对整个部门和自己的上司负责，于是总是要求下属们做这做那，结果呢？很少有人愿意听命于他们，这些人在职场上的人际关系也非常糟糕。

这些人之所以喜欢命令别人做什么，而不是征求别人的意见，只是为了满足他们的自尊心和虚荣心。然而，他们却没有想过那些被命令的人是否得到了应有的尊重，会不会因此而受到伤害。

每个人的心灵都是一个世界，为了维护各自的心灵世界，他们有着强烈的自我意识。然而，当你对别人发号施令时，你很可能就触犯了他人的自我意识。其实，遇到这种情况，完全可以换一种方式，比如用征求意见或者建议的口气。试想一下，当你将无礼的命令改成温和的建议时，别人一定会非常容易接受你的意见或是提出的要求。这样一来，你不仅顾全了对方的面子，使其有一种被尊重的感觉，而且日后还会使其愿意与你合作，而不是怨恨你。

很多时候，建议对方，而不是直接下命令，更容易被别人所接受。无论你是普通员工还是部门主管，这个社交技巧都会让你受用无穷，很多让你觉得头疼的事也会变得非常简单。因此，如果你想要说服别人，但又担心伤了彼此的感情、引起对方反感，就一定要注意你说话的语气，改变你说话的态度。只要你是真心、真诚地去尊重他人，就一定可以成为最受欢迎的人。

说"是"之后,就不好意思拒绝了

在与他人谈判的过程中,若能一开始就让对方说"是",则往往意味着这件事已经成功了一半。

为什么有些人很快就能与客户达成合作?而你总是说得多,成交的却少之又少?比如当你千方百计地向客户解释你的观点,你的产品与服务有多好,结果却不尽如人意。其实,问题就出在你没有让对方说"是的,是这样"。

引导对方说"是",其实就是一种说话的技巧,那么,运用这种让对方说"是"的谈话技巧有什么好处呢?从事发动机销售工作的艾伯森就用过这个方法,让对方说"是",挽回了一位差点失去的客户。

艾伯森是一位发动机的推销员,上个月费了很大劲儿才卖出两台。迫于销售压力,他不得不在这个月卖出更多的发动机。

最近,他又去拜访了之前购买发动机的那位工程师。谁知,那位工程师却说:"你们公司的发动机问题很大,虽然我们公司还需要几百台,但我不打算购买你们的产品了。"

艾伯森追问:"您能说下其中的原因吗?"

那位工程师说:"你们的发动机实在太热了,我的手都不敢放上去。"

艾伯森想了想,觉得此时争辩是非常愚蠢的行为,便采取了另一种策略:"肖克先生,你说得很有道理,如果发动机太热,谁都不愿意再买。你所说的发动机热度，不应该超过有关标准，是这样吗？"

"是的。"艾伯森得到了第一个"是"。

"电器制造有这样一条行规——设计适当的发动机可以比室内温度高出华氏72度，是这样吗？"

"是的。"艾伯森又得到了第二个"是"。

"那么，您的厂房温度是多少？"

"大约华氏75度。"

"这么说来，发动机温度最高可以达到华氏147度。把手放在华氏147度的热水塞门下面一定很烫手，是这样吗？"于是，艾伯森又得到了第三个"是"。

紧接着，艾伯森又提议说："那么，不要把手放在发动机上，可以吗？"

"我想你说得不错。"工程师露出了赞赏的笑容，随即开了一张价值数百万美元的订单。

艾伯森用让对方说"是"的方法，完成了自己的销售任务。

让我们重新回顾一下这段交流，整个过程中没有争辩，艾伯森始终让肖克回答"是，是这样"。最后什么问题都解决了，合作照旧。

在与他人的交流过程中，真正的社交高手总是善于引导对方说"是"，因为这样很容易使对方忘记原本坚持的观点，转而同意自己的见解或观点，或是愿意与自己合作。要知道，在交际过程中，尽量引导对方说"是"，可以避免他们提出反对意见，这样才能更加顺利地获得对方的赞同，促成双方进一步的交往。

相反，若是在交流一开始，对方就抛出一个"不"字，无疑意味着你的观点未被认可，如果对方连续说出几个"不"字，你最好趁早结束你的谈话，因为你的谈话并没有受到对方的欢迎。

然而，现实生活中很少有人考虑到这一点，他们总是顺着自己的思路强调自己的观点，总以为自己说得越多，越能证明自己的口才，赢得对方的信任，事实上，这样做并不一定就能说服对方。

毫无疑问，在是与否之间，任何人都更希望听到别人对自己观点的赞同与肯定，但是如何才能做到让对方说"是"呢？一个有效的方法就是把要说的话说对。戴尔·卡耐基曾说："人是不可能被说服的，不过，有一种方法可以让任何人去做任何事，那就是让他自己想去做这件事。"而让他自己想去做这件事的唯一方法就是让他认为你说的是对的。所以，如果你想改变结局，最好的办法就是改变话题，或者改变谈话的策略。如果你学会了这种艺术，你将终身获益。

巧借"梦想"说服，成功概率会更大

能够制造和提供幻想的人，往往拥有强大的影响他人思维的力量，同时在说服他人的过程中，这些人可以使对话的气氛变得更轻松一些，从而取得良好的效果。

也许你已经留意到，凡是魅力四射的人，或多或少都具备某种高明的"手段"。以出色的演讲者为例，他们通常会给听众带来不一样的幻想，听众在听其演讲时，不是在接受道理，也不是在听别人告诉自己如何生活，而是在欣赏一场精彩的演出。原因只有一个：他们对演讲者、演讲本身产生了深深的幻想。

还有一种极易让人产生幻想的事情是与梦想有关的。观察那些伟大的企业家，我们往往会发现他们惯用一种套话来鼓励身边的追随者——"只要你跟着我，你将成就事业，实现自我价值，得到完美的人生。"

于是，追随者们就像被打了鸡血一样，紧紧跟随带头人的脚步，崇拜并支持他的一切决定，只因他们相信："在这个人的带领下，我会完成这一目标，我的梦想能变成现实"。

事实上，马云、张朝阳、比尔·盖茨、巴菲特、乔布斯……这些伟大的企业家几乎都是这么成功的：制造梦想，提供前程，然后聚拢一批有才华的人。正如那句俗话所说："在今天的这个世界，假如你能制造梦想，你就成功了一大半。"

很多时候，人们总是拥有一些不切实际的梦想，它就潜藏在每个人的心

中，不知什么时候就会跳出来主宰你的头脑。就算在你意志力最强大的时刻，它也在蠢蠢欲动。然而，正是这些不切实际的梦想，导致人们极易被说服。

即使是在朋友之间，这种现象也普遍存在。举个例子，假设你建议一位刚刚大学毕业的朋友安分守己地找一份工作糊口，他却对你不屑一顾。但是如果你怂恿他和其他几个朋友一起举债创业，你的这位朋友很可能真的会拿自己的人生去冒这个险。更令人吃惊的是，他甚至表现得比你还兴奋，跃跃欲试，并称赞你是一个有想法的人。

其实，你的这位朋友之所以这么容易就被"不切实际的梦想"所"绑架"，很可能是因为他从小就被父母圈养在家庭的温室里，对复杂的人际关系缺少了解，于是，一旦独自面对别人鼓吹的理论和编织的谎言时，就无法做出正确的判断。当然，也可能是因为他们自身的逻辑思维能力本来就很差，所以很容易顺着别人的思路去思考。但是不管怎么说，这种人在社会上还是很容易被别人说服的。

间接地指出错误，才能达到满意的效果

间接地指出别人的错误，要比直接说出来温和得多，而且不会引起别人的强烈反感。

许多人在表达不同意见或指出对方错误的时候，总是喜欢以称赞开始，然后拐弯抹角地加上"但是"两个字，这样很容易令人怀疑原来的赞美之词是否表里如一。其实，很多时候，为了达到友善地改变他人的目的，只要换一个简单的词汇，就能潜移默化地改变他人。

举个例子：为了改变儿子约翰在学习上粗心大意的习惯，约翰的妈妈经常这样说："约翰，我们真心为你这学期的进步而感到骄傲。但是如果你在数学上能再用点功，成绩肯定会比现在更好。"

我们可以想象，约翰在听到"但是"之前，一定是备受鼓舞的，然而，妈妈脱口而出的"但是"很可能会瞬间改变他的想法，让他觉得前面的夸奖根本就是敷衍了事。虽然妈妈这么做只是为了给之后的批评做铺垫，但是很显然，这种措辞方式不但使赞美的真实性大打折扣，对孩子的学习态度也不会有什么帮助。

如果我们改变一两个字，情形就会大为改观。假如妈妈能够把"但是"换成"而且"，问题就迎刃而解了。

"约翰，妈妈真心为你这个学期的进步而感到骄傲。而且，下个学期你在数学上要是能继续保持这种认真细心的态度，你的数学成绩一定会和其他科目一样好。"

在这样的夸奖背后没有后续的批评等着孩子，相信约翰一定能欣然接受妈妈的夸奖，也一定会努力不让她失望。很多时候，尤其是对于敏感的人或是敏感的事情来说，直接的批评往往会引起对方强烈的不满，而间接地指出错误却可以达到理想的效果。

罗德夫妇为了重新整修一下自己的院子，请了几位建筑工人来帮忙，施工的头几天，夫妇俩下班回家后，发现木材、废料丢得满院子都是。

说实话，建筑工人的木工活儿做得确实不错，他们不想让对方觉得自己太挑三拣四。于是，在工人走后，他们夫妇俩带着孩子一起清理了院子，还把所有的碎木头搬到院子的一角，并码放得整整齐齐。

第二天早晨，罗德夫妇把工长叫到一旁说："昨晚，你们把花园清理得那么干净，看着那么舒服，真是太让我感动了。"

从那以后，工人们每天完工之前都会把剩余的边角料清理干净，码放到角落里，工长也会亲自检查他们收工后的清理情况。

罗德夫妇原本可以对建筑工人的所作所为大发脾气，但是他们非常清楚这样说会引发怎样的后果。于是，他们巧妙地通过一件事情让粗枝大叶的建筑工人在施工完毕后自愿把院子打扫干净，间接地指出了他们的错误并产生了奇迹般的效果。

很多时候，与其正面纠正他人的错误，倒不如间接地引起别人的注意，这并非包容、纵容，而是在暗示对方"这样做不好""你需要做得更好"。要知道，间接地指出别人的错误，往往比直接说出来的效果更温和、更有力量，而且也不至于引起别人的强烈反感。关键的是，别人也知道该如何改进以达到我们的期望。

根据喜好，采用不同的劝解方式

说服一个人就像打一场小小的战役，只有做到知己知彼，方能百战百胜。为此，我们需要对说服对象有一个比较全面的了解。

在日常生活或工作中，他人对我们的第一印象往往是从我们如何说话开始的。生活中，会说话、说话具有说服力是一项非常重要的能力，每个人几乎无时无刻不在运用这种能力。

可是，你是否会经常遇到这样一些情况：求职面试的时候，拼了命地展示自己，却得不到良好的效果；每次跟客户谈判的时候，说的话总是难以说服对方；职场上，需要与其他部门的同事打交道时，总是觉得难以沟通……

其实，学会运用对方的说话方式，说你想说的话，不仅能避免"呆若木鸡"的尴尬，还能在很短的时间内把话说到对方的心坎里，而你的人生或许还会因此发生一些令人惊喜的变化。

亨明斯是纽约一位颇有名气的主编，当年他就是运用了这条心理策略才得以在纽约获得了一份工作。

那一年，纽约的失业率非常高，各大报社也不例外。刚满18岁的亨明斯，想要在纽约找到一份满意的工作谈何容易。

当时亨明斯唯一的工作经验就是在印刷厂当过两年的排版员，这一次，他想应聘一家报社的编辑职位。

  在此之前，他通过一些途径打听到，《纽约论坛》的老总葛利莱先生早年也和他一样，在印刷厂从事过几年排版工作。基于这一点，他鼓足勇气，给《纽约论坛》投了一份简历，并幸运地接到了面试的通知。

  事实证明，亨明斯的想法是对的，葛利莱对与自己有着共同经历的人有着更加浓厚的兴趣。最终，亨明斯被《纽约论坛》录用了。

  在善于说服别人的人身上，我们往往会发现一个神奇的本领，那就是他们能让对方顺着自己的思路走。亨明斯采用的策略就是，结合报社老总的个人经历，把自己推销出去，结果他轻而易举地使葛利莱相信聘请他是正确的选择。

  的确，很多时候，我们需要对说服对象做个比较全面的了解，这样才能让自己说的话更有说服力。所谓"知己知彼，方能百战百胜"，说服一个人就像一场小小的战役，而善于说服别人的人总是能够透彻地了解他们的听众，借听众熟悉的话题去沟通。

  比如，在说服别人的时候，是需要迎合对方，还是需要和对方正面交锋，这就要做到平时留心观察，认真调查。这些信息涉及对方的性格、兴趣、思维方式、生活习惯，甚至是对方的一些特殊癖好，只有做到准确地把握对方的心理特征，才能找到说服对方的契机。因为毕竟人与人是不同的，了解了这些微妙的差别，对让他们听取你的观点或是对你心生好感会大有帮助。

  为此，我们需要始终记住一点：你面对的是一个活生生的人，而不是对手或目标这些抽象的词汇。不论你的观点多么令人佩服，如果你没能在私人层面与对方建立感情上的联系，那么，他们势必会怀疑你说的任何事情。

  事实上，仔细观察那些洞悉语言艺术的人，我们总能发现他们的高明之处不是以强势去要求对方信服自己，更不是强人所难，而是善于对说服对象有一个全面的了解，然后从对方的角度考虑问题，这样就在无形中营造了一种亲切、亲和的气氛，在得到对方的信赖和信服的同时，也轻松搞定了一切难题。

  一名刚入职不久的设计人员试图说服上司认可他的设计方案，可是，由于上司对他的方案并不是很感兴趣，因此，这名设计人员自然也没有机会陈述自己的想法。

在进一步的工作接触中，这位设计人员得知上司的祖籍在闽南，平时闲谈时，他开始有意和上司聊闽南的名胜古迹和特色小吃，结果两个人谈兴越来越浓，聊得非常愉快。后来，在对上司进一步的了解中，这位设计人员还得知，上司还是个影迷，特别喜欢收藏谍战类的光盘。

于是，他们的话题又渐渐地转移到电影上。不知不觉中，他们缩短了由于工作关系而造成的距离感，上下级之间的威严和冷漠也淡化不少。

有一次，两个人在聊到电影话题时，上司振振有词地说："电影的魅力就在于拥有非常出色的创造力和想象力。"

这名设计人员借机发挥说："我的那套设计方案就兼有这两方面的优点，您有没有兴趣听我仔细介绍一下。"上司欣然应允，同意下属把他的想法说完。听了这位设计人员一番仔细的解说之后，上司认为他的方案确实很有想象力和创造力，最终批准了他的设计。

我们常说，沟通不是要去说服别人，而是要去了解别人，能够做到换位思考，多一个角度看待问题，说对方听得懂的话。我们理解他人了，自然能换得他人的理解。可以说，说服力并不在于你说了多少，很多时候，能否打动对方很可能就是一句话的问题。若是能说到点子上，一句话就能让人无条件地信服你；若是说不到点上，讲一堆话都没有用。总之，了解人性，然后做到"布局"，你的人缘将好到出乎你的想象。

不断给予肯定，没人会拒绝

如果你想帮助他人进步，那么请记住：鼓励对方勇于改变，不断给予对方肯定，才会更容易让人接受。

在现实生活中，每个人生来都渴望得到别人的赞赏。同样，每个人也都惧怕受到别人的责难。心理学家、哲学家威廉詹姆斯曾说："人类性情中最强烈的渴望就是受到他人的认同。"喜欢被别人认可，感觉自己很重要，是人类不同于其他低级动物的一个主要特性。很多时候，鼓励的语言就像是魔术师的魔法棒，可以奇迹般地改变很多人的命运。

Y先生单身多年后，终于在不惑之年找到了自己的人生归宿。在未婚妻的劝说下，他重新开始学起了自己最钟爱的舞蹈。

Y先生坦白地说："我已经很多年没有跳过舞了，知道自己的舞步就像二十年前一样土气。我想我请的第一位舞蹈老师说得很对，我跳得完全不对，我应该抛开所有的习惯从头开始学。虽然实情如此，但她的评价还是伤透了我的心，我觉得自己没有一点继续学下去的动力了。"

后来，Y先生还是无奈地辞退了这位舞蹈老师。半个月后，Y先生又请来了第二位舞蹈老师。与第一位舞蹈老师不同的是，这位新来的舞蹈老师却截然相反，她总能找到Y先生的优点并鼓励他，对他所犯的失误从来不大肆指责。而是轻描淡写，一带而过。

这位舞蹈老师轻描淡写地说Y先生的舞步有点老派，但是基础却很不错，并保证他很快就能掌握新舞步。她还煞有介事地对Y先生说："你天生就有律动感，绝对是天生的舞者。"

Y先生却对自己的未婚妻说："我知道这位舞蹈老师很可能是在说谎，不过她说的都是我爱听的。在我的内心深处，总是忍不住相信她说的话。当然，她这么说也许只是因为我付了她工资，但是揭穿这点对我们又有什么好处呢？"

第一位舞蹈老师总在强调Y先生的错误，这让他顿时失去信心，而第二位舞蹈老师始终都在肯定Y先生，给予他鼓励和希望，这样无形中给了他不断提升自己的信心和勇气。

生活中，很多人在与他人相处时，往往会借某些事情说别人笨手笨脚、没有天赋、毫无可取之处，这样只会毁了他人进步的动力，相反，如果你能采用充分鼓励他人的方式，告诉他你充分相信他的能力，或是说他一定有潜能做成这件事，那么对方也定会为此竭尽全力。

如果我们愿意尊重对方的优点、才能，并高度地给以赞赏，每个人都会把自己的优点表现得淋漓尽致。如果你想让别人懂得自尊自爱，你就应该率先尊重对方。如果你想矫正一个人的缺点，不妨先反过来赞美、肯定对方的一些优点，这样他自然不会辜负你的期望，积极改正自我。

想想也是，在这个世界上，无论是富人、穷人，只要他们听见别人赞美自己的某个优点，肯定会尽全力去维护自己的这份美誉，生怕辜负了自己与他人。要知道，人类内心中最深的需要就是渴望他人的欣赏，每个人内心都希望自己所付出的努力被别人看到，自己所取得的成绩被别人认可。所以，当你面对恶劣的人与事，要想改善状况时，不妨尝试使用鼓励的语言，它也许会给你带来奇妙的效果。

第9章

别让不好意思害了你
——如何从容自信地拒绝任何人、任何事

懂得拒绝是一种能力，更是一种技巧。拒绝等于给这个世界发出一个信号：我有自己的需要、期待和优先考虑的东西，我懂得如何正确地表达自己的观点，同时也尊重和重视他人的需要。这样的你无疑是真诚的、善意的、可信的。

不懂说"不",就是憋屈自己

"不"这个字很简单,如何恰当地说出来,却是一门艺术。如果你不想做一件事情,就一定要学会从一开始就拒绝对方,因为开始的让步很可能让你一步一步地走向那个你不想要的结局。

在日常生活和工作中,我们总有这样的体会:对于朋友、同事或同学不恰当的要求,都不好意思拒绝,有时候甚至宁愿自己吃亏也不拒绝他人。其实,很多时候,我们心里也不乐意,本来是想拒绝的,只是碍于一时的情面,还是点了点头。

不可否认,在人际交往中,拒绝是最具挑战性、最具难度的。首先,要有拒绝的勇气,才能把"不"说出口;其次,在公众场合,若是生硬地拒绝他人,难免会让人觉得不快。同时,拒绝还要考虑对方的情绪,若是用词不当,则很可能让对方产生误会,让气氛变得尴尬,关系变得紧张。因此,对很多人来说,请求的话好说出口,拒绝的话却往往难以启齿。

然而,虽说一两次不拒绝,我们还能承受,但是如果一遇到事情,我们就毫无保留地点头,只会被各种各样的请求所束缚。我们这样做只是因为担心拒绝别人会让我们不安和内疚,而非不想拒绝,结果只能委屈自己,让自己疲于奔命。

真正能助人的人,是有能力说"不"的人。说"不"也是一门学问,是人际交往中不可或缺的一项技能,同时还有利于提高我们的工作效率和生活质量。

有一个旅游团参观某军事基地，参观完之后，旅行团中的一位游客求助随团的导游帮自己在不准照相的军事禁区里拍一张相片。这是军事基地，怎么可以照相呢？

幸好这位导游的反应十分灵敏，立即对这位游客说："从感情和友谊上讲，我是十分乐意帮助您的。但是我们参观的毕竟是特殊的地方，这里也有自己的制度，我实在是无能为力啊。"

听完导游的话，那位游客表示理解，并礼貌地向导游致歉。

面对游客提出的不合理要求，聪明的导游并非努力地去满足对方的请求、照单全收，而是先从情理上认同对方，说"我是十分乐意帮助您的"，肯定对方的做法，这无疑对对方有一个很好的安慰作用，之后再道出这是规章制度之内的事情，表示自己也无能为力，话到这里，对方自然也不好再说什么。可以说，导游采用的拒绝法是非常明智的。那么，我们应当如何把这个"不"运用好呢？

第一，不要立即说"不"。立即拒绝别人会让他人感觉你是个自私冷漠的人，或是猜测你对他心存成见。

第二，不要轻易说"不"。随随便便地拒绝别人，会让你失去很多赢得友谊和获得他人帮助的机会。在自己的能力范围内，力所能及地帮助别人，也是在帮助自己。

第三，不要傲慢地说"不"。如果你以居高临下、傲慢不逊的态度拒绝他人，很容易伤害那些有求于自己的人的自尊心，甚至为自己树敌。所以，如果你对某事确实力不从心，就要诚恳地向他人说明情况。

第四，不要无情地说"不"。拒绝他人时，如果语气过于淡漠、冷酷、话语间毫无转圜的余地，不免会让人陷入尴尬，甚至反目成仇。所以在表达拒绝之意时要尽量友善、和气。

第五，要微笑着说"不"。拒绝他人的时候，如果面带亲切和充满诚意的笑容，则可以让别人感受到你对他的尊重和歉意，即使对方被你拒绝，也会心怀感激。

第六，不要在暴怒之下说"不"。如果在这个时候拒绝别人，就很容易话不投机，出口伤人，让人觉得你没有同情心。

在日常交际中，只要有人与人的交往，就会用到拒绝的言语。该拒绝的时候就一定要拒绝，当你把拒绝的话自然而然地说出口，自己也可以轻松很多。事实上，只要我们能够合情合理地说出自己的想法，对方自然会体谅你，而且你越是坦诚待人，越不会影响彼此之间的关系，反倒更容易继续保持友好的人际关系。

委婉是化解一切尴尬的好方法

拒绝他人是一种应变的艺术，而"拒绝得体"又是这门艺术中的最高境界，学会委婉地拒绝对方，不仅能使人心情舒畅，还能让对方知难而退，不失为一种高明的交际智慧。

每个人都会说"不"，但怎样说"不"，却需要好好思量一下。只有能够做到不伤害对方，也不使自己为难，才算得上是拒绝的上上策。事实上，正如身体需要穿好衣服一样，拒绝的话也需要"穿衣服"，这就是要把话说得委婉些。

在希腊语中，"委婉"一词即是"谈吐优雅"的意思，优雅的谈吐可以把原来令人不快、忌讳，或是因其他限制不便直接说出来的事情，说得让人听起来得体、舒适而容易接受，当然，这对实现人际关系的和谐是非常有利的。

其实，人们之所以推崇委婉、含蓄，是因为对它的言语效果早就有所认识。《论语》就曾说："质胜文则野。"太质朴、太直接难免会显得粗野，而粗野就不会被人所喜爱，是不利于人际交往的。

在人际交往的过程中，如果能委婉地表达自己的想法，看似轻描淡写，却能道出问题的实质，就有助于化解尴尬，使交往的效果更佳。而且委婉含蓄地表达，比直截了当地说更能体现出一个人的修养。

认识丘吉尔的人都知道，他不喜欢总是把孩子挂在嘴边，所以他也很少和别人聊起任何关于孩子的话题。

有一次，一位大使对丘吉尔说："温斯顿·丘吉尔爵士，你知道吗，我还没有跟你说起过我的孙子呢。"

丘吉尔拍了拍大使的肩膀，说："我知道，亲爱的伙伴，为此我十分感谢。"

丘吉尔的回答非常委婉，拒绝的意思却表达得很清楚。

同样的意思，用不同的方式表达出来，给人的感受往往是不一样的。当我们拒绝别人的无理要求时，不需要表现得非常强硬，适当委婉一些，既给别人留了面子又不会使彼此很尴尬。或是不同意别人的见解时，也不需要直接说出自己的反对意见，可以先借用委婉的技巧，待矛盾有所缓和之后，对方自然乐意接受了。

让我们比较一下下面这两种表达方式："我觉得这样不好"与"我不觉得这样好""我认为你这种说法不对"与"我不认为你这种说法是对的"。很显然，虽然两种表达方式的意思是一样的，但是在拒绝别人的时候，显然后一种表达方式更加委婉，更容易被别人所接受，而前一种表达方式则显得有些咄咄逼人。

另外，在受到别人的言语攻击时，你也可以委婉地回击他人；不同意别人的见解时，不需要反对，直接委婉地表述就可以……可以说，委婉是化解一切困境的好方法。只要掌握一些委婉拒绝的技巧，就完全可以消除一些不必要的尴尬。那么，怎样才能学会委婉地拒绝他人呢？

试着先同意

为了避免直接拒绝引起的尴尬，你可以试着先同意对方，如此回答，表面上看没有断然地拒绝对方，而是直接把主动权交到对方的手中，实际上已经是拒绝了对方。

比如，一位朋友邀请你周末去打网球，而你周末早已有了安排，怎样委婉地拒绝对方呢？你可以这样说："打网球？太棒了！我早就想和你一起好好活动一下了，可是……"由于你对没有答应对方的要求表示了遗憾，虽然对方没能

如愿，但对方在心里还是会非常理解你的。

敷衍式回答

很多时候，当你把矛盾引向别处，明确告诉对方自己也无能为力时，对方只会无奈地收回请求。比如，如果有人托你办事，而你又不好当面拒绝时，你可以这样说："我不是唯一的负责人，说了不算。像你这样的事，需要大家集体讨论，才能做决定。不过，这件事恐怕很难通过，如果你实在要坚持，待大家讨论后再说。"

答非所问

答非所问的回答，要比直接说"不行""不可以"的效果好得多。当对方从你的话语中感受到他的请托得不到你的帮助时，他自然会采取别的办法。比如，当别人有求于你时，问"此事您能不能帮忙"，你就可以这么说："我一会儿要去参加个重要的会议。"

使用商量的语气

在拒绝别人的时候，为了让自己的话听起来委婉一些，你还可以使用商量的语气。比如，有人邀请你周末参加某个聚会，而你有事缠身无法接受对方的邀请，可以这样说："实在是抱歉，我这个周末的确有事，下周末可以吗？"这样说要比直接拒绝别人的效果好得多。

巧用同理心，为自己创造更大便利

在与人交往的过程中，体会他人的情绪和想法，理解他人的立场和感受，并站在他人的角度思考和处理问题，不仅能帮你坦诚地说"不"，还能帮你维持良好的人际关系。

在日常生活中，我们可能经常需要拒绝别人或者被别人拒绝，但是拒绝却是一门很深的学问。很多时候，与人交往的过程是否顺畅，全看你能不能以同理心接受别人的观点，既能够体会他人的情绪和想法、理解他人的立场和感受，又能站在他人的角度思考和处理问题。

可以说，同理心是人与人之间最好的连接。不管在什么场合，都应该设身处地地考虑别人的处境与感受，以此促进彼此之间的信任，促进人际冲突的解决，拉近人与人之间的关系。

其实，人与人的关系根本没有公式可言，需要以爱和关心为出发点，设想对方想要、需求的东西，对方能做的事。也就是说，需要对别人的处境感同身受，而同理心的作用就在于此。有了同理心，我们将不会处处挑剔、责怪、抱怨、嘲笑对方，取而代之的是赞赏、鼓励、谅解、扶持。这样一来，人与人的相处将会变得非常愉快、和谐。

罗先生是某电梯公司的一位业务代表，他所任职的公司与一家酒店签有合约，并且专门由他负责这家酒店电梯的维修工作。

酒店一方为了不给客户带来诸多不便，每次维修电梯的时候，酒店经理只

准许电梯停开两个小时,但是修理时间至少要八个小时。可是,当酒店一方可以完全暂停电梯,专心做维修时,罗先生所在的公司却未必能及时安排好所需要的技工。

为了顺利解决酒店的问题,罗先生拨通了酒店经理的电话,他不是一张口就据理力争,而是不紧不慢地说:"经理,据我所知,每天光顾贵酒店的客人确实很多,所以您要尽量减少电梯的停开时间,关于这一点,我个人非常理解。不过,就在前段时间,当我们检查完贵酒店的电梯质量后发现,如果我们现在不及时、彻底把电梯修理好,电梯出现故障的可能性会更高,到时候,电梯停开的时间可能会更长。我知道,贵酒店是不会轻易给客人带来不便的,如果不修,可能会停好几天,而我们电梯公司的职责就是尽量满足客户的要求,确保产品的质量与安全。"

听了罗先生的话,酒店经理想了一会儿,便同意电梯停开八小时,一次性把电梯修好。毕竟这样总比停开好几天要好。

由于罗先生表示自己非常理解这位酒店经理的想法,同时站在了酒店的角度去考虑问题,所以酒店经理最终同意了罗先生的方案。事实上,无论是在工作还是日常生活中,那些有同理心的人,都是善于体察他人意愿、乐于理解和帮助他人的人,而这样的人无疑最容易受到大家的欢迎,也最值得大家信任。

很多时候,如果你希望别人接受你的想法,或是拒绝对方的提议,就应该先对他人的想法和愿望表达你的同情之意。这是因为当我们站在对方的角度和位置上时,自然而然地就能理解与响应他人,这是与人沟通协作、建立信任和影响他人的一个基础,而拥有了同理心,和谐、美好的人际关系才得以建立、维持。

善用幽默，老好人也可以说"不"

化解拒绝的尴尬，最好的方式莫过于轻松的幽默，特别是轻松的自嘲式幽默。

在与人交往的过程中，拒绝与被拒绝总是不可避免的。然而，当我们需要表达拒绝时，总是难逃一个"不"字，而这个"不"字又恰恰是最难说出口的，说不好就很容易得罪人，闹僵关系。其实，学会用幽默的方式拒绝别人，故作神秘、深沉，然后再突然点破，让对方在毫无防备的大笑中失望，也不失为一种交际策略。

先看这样一个故事：罗西尼是意大利的一名音乐家，由于每四年才有一个闰年，因此在他过第18个生日时，已经72岁了。在罗西尼过生日的前一天，他的朋友告诉他，他们为他筹集了一笔钱，准备为他立一座纪念碑。

罗西尼听了，反而诙谐幽默地说："这简直是浪费钱财，你们把这笔钱给我好了，让我自己站在那里就好！"

再看一个故事。有一次，意大利音乐家帕格尼尼为了赶一场演出，着急忙慌地跨上一辆马车，他一边催车夫快点，一边向车夫问价。

"先生，你要付我10法郎。"马车夫知道他是大名鼎鼎的音乐家，于是有意敲诈他。

"你在开玩笑吧？"帕格尼尼吃惊地问道。

"据我所知，人们去听你一根琴弦拉琴，你可是每人收10法郎啊！我这个

价格不算多。"马车夫振振有词。

"那好吧,我付你10法郎,不过你得用一个轮子把我送到剧院。"听了帕格尼尼所说,马车夫目瞪口呆。

很显然,第一个故事中的罗西尼不同意朋友们的做法,但是出于友情又不好直接拒绝,于是他提出了一个想法,含蓄地拒绝了朋友们的要求,虽然想法有点不切实际,但是却不会伤害朋友。

第二个故事中的帕格尼尼,对于车夫的敲诈勒索,并没有表现得义愤填膺,断然拒绝,而是先表示同意,然后提出一个令车夫无法做到的条件。这样就在客观上起到了拒绝勒索的作用。

人际交往时,若是一味地接受,往往会让自己陷入困境,特别是在我们无法满足对方提出的不合理要求时,更要及时恰当地表达自己的想法。这种情况下,如何既将"不"说出口,又换来他人的宽容和体谅就显得尤为重要。

此时,诙谐、幽默的表达方式,往往能让对方听出弦外之音,既避免了使对方难堪,又轻松化解了对方被拒绝的不悦心情。可以说,轻松的幽默不失为一种理想的方式,特别是轻松的自嘲式幽默,可以让对方清楚地感受到你的拒绝,但又不会显得太激烈。

当然,幽默的拒绝一定要有一颗宽容的心,唯有保持宽容,才能镇定自若地应对局面,才不会乱了方寸而胡言乱语。因为宽容的态度会让被拒之人感受到你的友好和轻松,这样才有助于化解拒绝带来的尴尬,而对方也不至于因为请求被拒绝而伤了面子和自尊。

同样,我们在拒绝他人时,也需要这样的轻松。特别是在别人有求于我们,而我们又不能施以援手时,要尽量给人一些心理上的安慰。这样,对方即便被拒绝,也不会很尴尬。

借用肢体语言，助你告别被动的人生

表达拒绝，并不只是依靠说话，身体动作也可以表达拒绝的含义，这就是有关拒绝的身体语言。

人们在很小的时候，就会使用摇头来表达拒绝，比如，新生儿吮吸了足够的奶水后，就会左右摇摆脑袋，以此抗拒母亲的乳房。幼儿吃饱以后，也会用摇头的动作来拒绝大人喂食的调羹。可以说，拒绝的身体语言比口头语言更早出现。

事实上，每个人都会通过动作来加强自己的表达能力，而且在拒绝的时候，采取恰当的动作也可以增强拒绝的意志，加强你的气势。很多时候，即使你不说话，其实也已经把你"不"的意思传达给了对方，而且这种姿势具有很强的攻击意味，让对方明白你的"不"并不是随便说说而已。

当然，并非只有摇头才是拒绝的身体语言。当你想要拒绝的时候，如果你能够适当地采用肢体语言，便可以增强拒绝的效用。这里就介绍几种表达拒绝之意的肢体语言。

正襟危坐

在动物的世界里，小狗、小猫打架的时候，全身的体毛都会竖起来，膨胀的毛发会让它们看起来更庞大，这样就营造了一种强大的气势，足以威吓到敌人。

其实，人类的一些行为与动物竖起毛发的目的是一样的。很多时候，为了

让自己看起来更高大、更有气势一些,我们往往会无意识地耸起肩膀,因为这样会让我们的身体看起来更加高大,更有气势。

紧张与放松交替

很多时候,人们为了躲避对方的攻击,常常会做出张弛有度的动作。比如,观看电视节目时,我们会发现主席台上的那些人会不断地交替变换身体姿势,特别是在发言的时候,有时是放松地背靠椅子,有时是眼神严厉地挺身出去,当被问到敏感问题时,即便言辞闪烁,动作也会频繁地变换着。心理学认为,把放松的态度和认真的态度交替变换,会使对方无从理解你的肢体语言,以致失去说服你的线索,而且你会显得气势逼人。

因此,在拒绝他人时,如果你能够不断地变换动作,在不知不觉的情况下,就会消磨对方继续说下去的信心,化解对方的气势,你的拒绝自然也就变得更加有力了。

双手抱于胸前

这个动作在日常生活中非常普遍,比如,地铁座椅上的乘客经常会将双手交叉在胸前,老师们也会摆出这种姿态,同事之间这种姿势更是经常可见,它似乎是在向全世界表示防卫,暗示一个人坚定不移的立场,拒绝接受他人对自己的改变。如果你要表达拒绝,或是坚持自己的立场,就可以将你的双手环抱于胸前,那样会让你的气势倍增。

微妙的腿部动作

为了表达拒绝和反对的意见,人们往往会做出跺脚、踢东西的动作。在谈判场合,如果你发现对方始终不声不响,对你的观点不表示反对也不表示赞同,但是你却注意到对方有一个微微跺脚的动作,他可能是出于某方面的原因,不愿将反对的意见说出来。显然,他的这个微妙动作已经在不知不觉中出卖了他自己。

倾斜身体,侧身对着对方

如果你采用倾斜身体,而非正面面对他人的姿势,就会给对方带来一种坐立不安的感觉。其实,在很多武术动作中,当一个人将自己的身体侧对某人时，往往蕴藏着一种迎战的味道。同样道理，当你想要表达拒绝的时候，如果采取这个姿势，就会极富侵略性，表达拒绝和对抗的态度也会十分强烈。

除了这些略带侵略性的动作之外，还有一些较为柔弱的动作，也有极好的拒绝效果。这些动作都是向交谈对象发出否定的信息，比如转动脖子，用手帕擦拭眼睛，按眼睑，拍打肩膀，按揉太阳穴，等等。从表面上看，这些动作是在消除身体上的疲劳感、倦怠感，但真正的用意却是在发出拒绝的信号，"你的话让我感到很累，希望你早点停住"，从而起到打断对方谈话的效果。

坚守底线，才能无畏向上

底线思维可以帮我们在处理生活和工作中的各种问题时，果断地为自己建立一条最低防线，这样一来，我们才能处变不惊，守住自己最后的防线。

现在，请认真思考一下：你是那种"一退再退"的人吗？无论是在生活还是在工作中，有的人总是退了再退，没有墙角，也没有最后一道防线。

桑蒂是某跨国公司的一名职员，事业蒸蒸日上，家庭也幸福。但是在3年前，她的处境却并非如此。

"那时，我的状态简直糟透了"，桑蒂回忆说，"我就像一只风筝，被风吹着走，被任何人牵着走。谁拽我，我就跟着谁。我就像一辆没有方向盘的汽车，没有一点原则。"

桑蒂的男朋友想去非洲工作，于是征求她的意见。虽然她对男朋友的安全问题顾虑重重，但是却没有勇气拒绝。不幸的是，半年后，她失去了男友——在一次暴力事件中被意外杀害。后来，父母想让她去纽约工作，她虽然不喜欢但也没有拒绝，于是在那间枯燥无趣的办公室耗了一年多的光阴。

在那段日子里，桑蒂总是无精打采的，觉得什么都没有意思，每一天都是灰暗的，因为每天的生活都不是由她自己决定的，甚至一度处于抑郁的边缘，认为男朋友的死完全是自己造成的，为此有好长一段时间需要靠吃安眠药才能入睡。

后来，桑蒂在参加了好几次心理咨询后，才下定了改变的决心，"从今天起，我要找回失落的自己，谁也不能再侵入并主宰我的生活。"这一次，她退到了最后一步，然后成功地阻止了倒退的步伐，不再接受任何人的驱使。她辞掉工作，拿出半年的时间给自己充电，最终找到了自己喜欢的事业，也在自己喜爱的城市组建了温馨的家庭。

如果你是那种退了再退的人，现在就要清醒地认识到这样长久下去的危害：在别人眼中，你可能是那种"好欺负"的人。在一个团队中，当人们需要有人退让时，肯定会第一个想到你，并且一致决定牺牲你的利益。另一方面，你在潜意识里已经给自己贴上了"必须退让"的标签，长此以往，你的个人利益一定会受到损害，甚至偶尔说出"不"字时，连你自己也很不适应。

要避免这样的危害，就必须设置底线，坚守底线，也就是说，为自己安排一道最后的战壕，明白无误地告诉自己："当我退到这一步时，就不能再往后退了，必须阻止对方的前进。"

实际上，为自己设置一条底线，就是为自己准备了一条坚固的跳板。无路可退，才能激发出生命的热情，重拾信心，进而迸发出巨大的力量。而且很多时候，是否具备底线思维，会直接影响我们的生活态度和工作成果，也会决定我们在上司心目中的形象，决定我们在朋友圈中的地位。如果没有底线思维，做人做事不讲原则，就会让自己变得犹豫不决，不能轻易地做决定或是承担风险，自然也无法采取行动。你要知道，底线思维能够帮你提供继续前进时所必须拥有的坦然和镇定，让你有担当的决心和意志，这样才能果断地承担风险。

空间也是一种无形的拒绝力

我们常常出于恐惧、愤怒、压力,或者为了顺从外界的声音,做出违背自己初衷的决定。此时,善用空间的力量,也能帮助我们表达拒绝之意。

很多人都有过这样的体验:当陌生人与我们的距离太近时,往往会引起我们的警觉和不安,使我们产生本能的抗拒意识。受这种意识的影响,我们会本能地控制与他人的距离,保证自己内心的稳定与安宁。

事实上,每个人都有地盘意识。距离上的远离,可以在无形中帮助我们表达自己的拒绝之意;而距离上的靠近,又会让我们体会到别人接受和靠近的意图。可以说,每个人都会通过调整距离,来表达自己内心的厌恶或喜欢。

比如,坐公交车时,我们总会与陌生人保持适当的距离,不会让别人过度靠近或随意亲近自己;而跟交情至深的朋友则可以坐得更近一些。

再比如,仔细观察派对中的人们,你会发现彼此之间的距离也是远近不一的。如果对方不是我们喜欢的类型,彼此又不太熟的话,我们往往会倾向于站在离对方较远的地方,扩大与对方的心理距离,这就好像是在告诉对方:你不要靠近我,你的靠近会让我感到不安。这样,彼此之间就筑起了一道看不见的墙。但是当我们看到喜欢的人,即便初次相识,我们也会找到机会努力接近对方,以此来表明自己的心意。很多时候,距离的差异总是和亲疏度相关,距离越近,表示彼此的关系越亲密。

由此可见,地盘意识可以帮助我们更好地表达心意。换句话说,当需要做出是否拒绝的决定时，我们一定要清楚地明白自己的心意。正如研究表明，地盘意识的强弱会直接影响一个人的拒绝力。

一位业务员到一家公司推销商品，出门前，他对自己的推销能力以及推销的产品还信心十足，可是，当他来到客户的办公桌前时，他却感觉很不舒服，他是这样描述当时的情形的："不知道为什么，当我坐下的一瞬间，就有一种不愉快的感觉，想说的话明明已经打得很清楚了，可是怎么也说不出来。我似乎能感觉到，我和客户之间隔着一道屏障，这让我们的距离变得很远、很远。虽然我很清楚这非常不利于我们进一步的沟通，但是我始终无法摆脱这种感觉给我的影响。我总是不停地在胡思乱想，这家伙显然不想和我沟通，虽然他看起来很和蔼的样子，但完全是虚情假意。"

事实上，直到谈话结束，这位业务员和客户之间也没有达成协议。然而，困扰他的却是一张隔在两个人中间的桌子。也许，很多人对此深有体会，当你的上司把你叫到他的办公室，纵然面对的是平时能毫无拘束地交谈的上司，可是你仍然觉得很难说出话，原因就在于那张隔在两个人中间的办公桌。

为什么会发生这样的事情呢？因为在这种特殊的场合下，桌子就是对方的自我延伸，它就像一道看不见的墙一样，无形中隔开了彼此之间的距离。于是，你会觉得对方离你其实很远，你们根本没有想象中那么亲近。

这也提醒了我们，当你想要说"不"时，桌子便可帮你在彼此之间筑起一道高高的墙。比如，如果你对同事说的话持否定态度，不要急于否定，可以先把对方叫到你的工位前面。于是，你的桌子就成为你的自我延伸，你也就能轻松说出"不"来。

有时候，如果你的身边有一些小道具，比如香烟盒、打火机、书本、口香糖、钥匙包之类的小物件，放在两个人中间，也会形成一种间隔感，帮助我们更加有力地表示拒绝。

第10章

职场出类拔萃的秘诀
——如何拥有超强的职场人气

社交是我们每个人生存在社会中都必须要掌握的技能。你是否擅长社交也在很大程度上影响着未来自己在职场上奋斗的结果。

委婉表达不满,才不会伤感情

在职场上,很多时候都不能如己所愿,如果你脾气急躁,那么很可能意味着你时常需要与情绪做抗争。只有成熟的人才会懂得如何处理问题,如何控制自己的情绪。

在职场上,人际沟通时最难应付的往往是沟通情绪的部分。相信很多人已经观察或是亲身体验到了,"气你在心口难开"的状况,在工作场所总是屡见不鲜。那么,我们到底该不该表达自己的不满呢?

如果你发现有位同事在办公室里散播关于你的不实消息,你一定会感到惊讶不已,但更多的是憋屈、愤怒,这时你会告诉对方你的感受吗?如果将这个同事换做是你的上司,你又会做出怎样的决定?

也许很多人会说,工作就是工作,不是来做情绪交流的。成熟的职场人当然不该表现出内心的情绪,更何况若是表达了负面情绪,很可能会伤害到自己与他人的关系,反而造成更大的麻烦。

对于一些非原则性的问题,要做到既能表达出对对方的不满,又不至于破坏和谐的人际关系,确实是一件不太容易的事。然而,专家们却有着另一些更为深刻的思考,这里就为大家总结几点职场上表达不满情绪的技巧。

侧面点拨

当双方陷入尴尬或僵局时,有些人由于情绪上的冲动,往往会在一些问题上互不相让。这种时候,从侧面委婉地点拨对方,使其明白自己的不满,可以打消对方不适当的念头。相比直言相告,这一技巧可以使原来僵持的场面重新

活跃起来。

给对方台阶下

有时候，有些人之所以在交际活动中陷入窘境，往往是因为他们在特定的场合中做出了不合时宜或不合情理的举动。在这种情形下，一个行之有效的方法，便是换个角度或是找个借口，以合情合理的解释来证明对方的举动在当时是合理的、无可厚非的。这样一来，尴尬和难堪的局面便会得到扭转，正常的人际关系也能得以继续下去。

善意曲解，化干戈为玉帛

在交际活动中，很多尴尬和难堪的场面往往与彼此言语上的误会有关。为了缓解这种局面，可以采用故意"误会"的方法，装作不明白或故意不理睬对方言语举止的真实含义，转而从善意的角度做出有利于化解尴尬局面的解释。

善意的曲解其实是在弥补别人一时的疏忽，消解别人心中的误解和不快。这种社交技巧往往能将窘境或尴尬的局面朝有利于缓解的方向引导，本来要形成的不快场面也就烟消云散了。

求同存异，强调事件的合理性

很多时候，人与人之间变得争执不休，局面难以缓和，往往与当事人的争强好胜和较劲心理有关。为了不伤感情地表达不满，不妨善用求同存异的原则，帮助争执双方好好地把问题分析透彻，使其认识到彼此观点的合理性，进而缓和或是停止无谓的争执。

幽默提醒

有时候，为了表达对对方的不满，可以借助幽默这个人际关系的润滑剂来达到目的。这个技巧可以帮助争论双方换一个角度来看待争执点，将严肃的话题淡化，而且又不容易激起对方的反感或压力，从而让双方停止无谓的争论，使交际活动得以顺利进行。

总之，当你学会委婉地表达不满，你便会发现其实每个人都很好沟通，给他人提意见，也不再是一件得罪人的事。

零天赋，照样能克服当众说话的恐惧

说什么，如何说，大家才肯听？当众讲话的不是"口舌"的艺术，而是思维的艺术，讲得好人们才能听，说得妙人们才会服。

开会时，忽然被领导点名发表一下个人意见，你是否会脑子一片空白，呼吸急促？年终工作总结时，正在公开发表自己对公司、同事的感谢或愿景，你是否只要一看到众人的目光，思想就高度紧张，整个人变得焦虑不安，不知所云？

不管是工作上还是在生活中，免不了有对着一群人公开说话的机会，但并非每个人都是天生的演说家，更何况，平时也少有锻炼的机会，于是，在这种特殊的情况下，大脑往往会在第一时间"短路"，而你能做的唯有逃避、退缩，严重时还会发现自己根本无法出声。

其实，这是一个很普遍的现象。对某些人来说，害怕在会议室或者小团队里讲话，是因为你在说话时感觉在座的每个人都把注意力放在了你身上。要知道，就连世界上最著名的表演者、歌唱家、球员，都有这种"怯场"的压力，所以，你要做的是先接受这个状况，明白并不是因为你内向、胆小才会这样，就算是再外向、自信的人，在众目睽睽的台上也会受到这种"怯场"的影响。

很多时候，我们总是希望别人能明白我们的观点，甚至尽己所能地用一些方法去吸引或影响他人。但是如果太过紧张，则只会让我们变得呆滞、迟钝，或是因为太过于在意而忽略了所见所闻，结果我们便不能有效地传递信息。

其实，好的当众讲话的能力并不是天生就有的，更非"可望而不可即"的，它完全可以通过后天的努力训练逐步实现。然而，要想练就一口金口才，需要恰到好处的训练技巧和大量练习。下面提到的这些技巧在职场上很容易被大家所忽视，但是它们对快速提升讲话能力却非常有效。

练习胆量

很多时候，心态总是左右着我们讲话时的兴致、内容和频率。一个人是否说得出、说得妙，关键在于讲话时心理上是否舒适、放松。心理放松，"话匣子"自然而然也就打开了。

不妨想想，当我们信任一个人，对其有好感时，我们在这个人面前自然感到安全、放松，而且往往可以做到滔滔不绝、妙语如珠。所以，如果你平时在领导和上级面前，一说话就结巴，甚至无话可说，那么，首先要消除对领导的"敬畏"之心，这不是要你不尊敬领导，而是要放大胆量，在内心将领导和上级视为可信任之人、朋友。当你内心的紧张不安逐渐消退，压力逐渐减轻，面对上级领导、诸多同事时，你才能做到毫无压力地侃侃而谈。

设计出科学合理的架构

在一些需要讲稿的正式发言场合，你可以事先起草一份架构合理的讲话稿。在为讲稿字斟句酌之前，你还需要站在自己和他人的角度思考这样几个问题：

你的讲话要达到什么目的。如果是想借行业交流的机会提升公司的知名度，那么讲话稿内一定要设置公司介绍的内容，尤其是公司独特的企业理念和对行业发展的独到见解。另外，在有限的时间内，合理安排你的讲话内容。首先，你需要明白大家最感兴趣的话题是什么，然后将大家最感兴趣的话题作为重点，用大部分时间进行详细阐述。

找到谈话的感觉

很多人的讲话之所以不能吸引别人，原因往往在于声音技巧掌握得不够好。要知道，一次成功的讲话最终要通过"声音"的形式表达出来。语速的快与慢，声调的激昂与低沉，对当众讲话是否成功有着极其重要的影响。

为了更好地掌握声音技巧，不妨借鉴以下几点：当众讲话不是演讲，所以尽量不要用演讲的语气讲话，而是要注重建立与听众的沟通感，否则会显得极不自然，缺少现场沟通感。其次，要有"谈话"的感觉，就是平常与同事、朋友在一起时那种自然的讲话状态，这样就能以轻松的状态面对众人了。最后，讲话的节奏要有适当的停顿。适当地停顿可以给自己和听众留出思考的时间，同时也显得讲话有节奏感，易于控场。

运用微笑和目光

微笑可以体现一个人的涵养。对听众来说，微笑的讲话者更让人感到亲切。当然，如果你在讲话时，目光是坚定而充满自信的，则更能为自己加分。为此，你需要在平时多做训练，比如和别人说话时眼睛要看着对方说话。

怎样能心平气和地接受批评呢

成熟的人，会把批评当成垫脚石，帮助自己不断进步，成为更厉害的人。

职场上，每个人都喜欢被赞美，因为赞美是对一个人能力素质的肯定，是一个人积极上进的动力。相反，没人喜欢受到批评，因为被批评往往意味着他人对自己某个方面的否定，同时也会让被批评者产生自我怀疑，甚至消极心理。对很多人来说，遭到批评是一件令人厌烦、令人恐惧的事情。

很多时候，当我们受到批评时，第一反应往往是质问自己："我到底做错了什么？为什么要经受这样的指责和伤害？"这其实是自尊心在作怪。接着，我们很可能会把别人的批评当成个人恩怨，总觉得别人是故意针对我们，故意找我们的碴儿。

其实，职场上的批评往往是对事不对人的，与个人恩怨没有太大关系。我们不妨站在公司的角度看待这个问题。在公司的组织系统中，领导对下属有监督、指导等权力，当下属出现不协调的行为时，领导有责任对其进行批评指正，这是毋庸置疑的。如果纵容下属，那就是领导的失职。所以说，领导是在履行职责，对事不对人。作为下属，如果你被领导批评了，还感情用事地认为领导是故意跟自己过不去，则只会使自己陷入狭隘、偏执、片面的泥潭中难以自拔，不但不利于矛盾的解决，也不利于个人职业前景的发展。

这也提醒了我们，为了大局，为了避免造成更大的损失，领导的批评哪怕是生硬一些，言辞过激一些，方式欠妥一些，也要适当给予理解和体谅。毕竟人在江湖，无论是谁，都必须做好遭受批评的心理准备。

还有一种人，在面对别人的批评时，往往会本能地说出这样的话，比如"我没有错"或者"这不是我干的"。戴尔·卡耐基通过多年的研究认为，任何教训、指责，都会使人感到伤了自尊，从而使其进入自我防卫状态，并且往往会激起其心中极大的反感，促使他竭力为自己辩解。所以，人在挨批评时，想要为自己辩解是人之常情，试图将责任或是错误推给他人，也是人自然而然的一种本能反应。

但是作为一名成年人，我们应该对自己的错误负责。既然别人批评了你，那么说明你多多少少要承担点责任。所以，你应该主动地从事实出发，先耐心听完对方的看法，再评述自己在工作中承担的责任和结果。假如一开始就急于为自己辩白、解脱，说主观的、控诉性的话，比如"不是我的错"，或者"我是冤枉的"，只会给人留下避重就轻、逃避责任的印象。

再者"忠言逆耳"，当别人指出你的错误和存在的问题时，虽然你很有可能不爱听，但是你要知道，人无完人，批评是我们学会改正错误、纠正行为、取得进步的一种方式，是一个人自我成长的重要指引。尽管批评往往是残忍而令人不堪承受的，但是如果别人对我们的批评得当，就会对我们的成长和成熟有着非常重要的促进作用。所以，我们不妨将批评看作一个学习的机会。

当然，很多职场人士在面对上级的批评时，除了因为恐惧而裹足不前，心理上有被否定的负担之外，绝大多数人往往不知道该如何进行下一步的工作。其实我们需要明白一点，遭到批评后，因为恐惧而裹足不前，也许真的会使我们走入"穷途末路"。转而继续开展下一步的工作，或许尚有挽回的余地。

遭受老板的批评，难道真的如此倒霉吗？其实未必，一位学者曾说："我能想象到的人的最高尚行为，除了传播真理外，就是公开放弃错误。"错误并不可怕，批评也不可怕，关键在于我们如何面对。一个人懂得如何从错误中吸取教训，如何从批评中汲取营养，才会逐步走向成熟，走向成功。因此，我们不要把职场批评看作一件令人恐惧不安的事，不妨把它视为一次接受教训、磨炼意志的机会。这样的你就算自身存在一些问题，也能尽快重塑自己在别人心中的形象。

涉及隐私，最好管住自己的嘴巴

能否正确对待个人和他人的隐私，是判断一个人能否在职场游刃有余的关键因素。隐私这种事，既要做到不泄露自己的，也要做到不过问他人的。任何时候都要记住，管好嘴巴比什么都重要。

每个人都有自己的隐私，都有不想让别人知道的一些事。也许是生理上的缺陷，也许是隐藏在内心深处不堪回首的经历，这些都是他们不愿提及的"疤痕"，是他们在生活里极力隐藏和回避的问题。而说人隐私、揭人短处，都是极不尊重他人的做法。

阿梅在一家大型国企上班，公司员工众多，但是大家都各忙各的事，很少有谈私事的时间。这点让她很满意，因为她觉得人在职场，多一事不如少一事。如果把别人的隐私传来传去，说不准哪一天就会闹出不愉快的事情来。

女同事在一起难免会谈一些生活话题，但都是些无伤大雅的谈资，比如穿衣、购物、育儿之类的话题。对别人的隐私，阿梅也从来不会主动去过问。就算有人偶尔一两次主动说起，她也是左耳朵进、右耳朵出，绝不让自己成为隐私的"中转站"。每当阿梅与闺密聊起各自办公室的那些事，她常说自己公司人际关系比较和谐，大概也是得益于此。

对现代人来说，办公室已经成为与人交际的重要地点，也成为各种信息的交换市场。然而，有信息就有八卦，尤其是在人员结构复杂的环境中，小道消息更是满天飞。

尽管人人都有一颗好奇心，与同事保持友好的关系也是必要的，但是你同样要知道，探知未知事物往往是要付出代价的，尤其是对别人隐私的好奇。在职场中，好奇心太重，不但会招人反感，而且一不小心还会为自己惹来不必要的麻烦。

如果有人告诉你，或者你无心得知，公司的副总是总经理的亲弟弟，负责财务的女主管是老板的情人，你最好装作不知道。即使亲眼看到，也要尽量忘掉，原因无他，这是别人的隐私，跟你无关。就算你知道这些，对你也没有任何好处，相反，只会让你成为他们的眼中钉、肉中刺。

在办公室最忌讳的便是打探别人的隐私，尤其是涉及他人的利益问题。对待这些敏感话题，不议论、不关心、不传播，才是保护自己的最好方式。

除了远离别人的隐私，还要注意保护好自己的隐私。每个人都有心灵上最柔软的地方，最不愿意让人知道的秘密。在竞争激烈的社会上打拼，一个人的秘密往往是自己的弱点和隐痛，唯有很好地守住这个秘密才能更好地保护自己。

以办公室为例，在这个人多口杂的地方，也许你"掏心掏肺"地在跟别人相处，结果一不留神却被对方给卖了。这还不算，甚至有一些落井下石的人趁机抓住这个机会，让你陷入困境。

请记住：不要在社交场合过多地讨论个人的隐私话题，也不要随便找同事倾诉，有些东西应该锁在自己的心里，或是找真正的朋友分享。反之，说不准一不留神就会有自己不希望公开的信息被泄漏出去。更何况，在职场上，没有一个上司愿意看到自己的下属把大把的时间和精力都耗费在"交流感情"上。所以，人一定要学会为自己负责，否则人际关系将成为一团乱麻。

世界如此复杂，你要学会保护自己

要想在职场里左右逢源，必须懂得如何和各种各样的人交往。如何在不伤和气的情况下，保护好自己的利益，是一门很深的学问。

人在职场，可以说是什么人都会遇到，有和蔼可亲、乐于助人的同事，有提携我们的贵人，自然也少不了处处为难我们的小人：可能是喜欢造谣生事、挑拨离间的同事，也可能是那些为了达到个人目的而不择手段的"小人"。

W所在的公司中有一个爱多嘴的人，她的妒忌心可以说是出奇的强。当别人的工作有成就时，她就会在一旁冷嘲热讽；当别人在工作上稍有差错时，她一定会落井下石，暗地里把事情搞大，然后在一旁叽叽喳喳、添油加醋。

还有，每当这位同事看到别人闹矛盾时，总是巴不得别人大打出手才过瘾，真的是唯恐天下不乱。

职场这片"林子"，真是暗潮汹涌，稍有不慎就会出现最为头痛的被"小人"暗箭所伤的事情。与"小人"相处共事，一不小心就会吃亏上当，甚至还会被其算计使自己成为"职场炮灰"。

其实，每个公司都是一个小社会。既然是社会，就一定会有形形色色的人，也一定免不了会有尔虞我诈。所以，掌握一些保护自己的小技巧，学会跟"小人"和平相处，就成了很重要的职场经验。

学会逆境中求生存

人在职场，若是莫名其妙地就背上了黑锅，那就先感谢一下那些让你难过的人，是他们让你有了成长和锻炼的机会。当然，这并非是让你逆来顺受，而是让你沉下心来，把眼光放长远，把精力放到自己的工作上。跨过这道坎，前方自然一片坦荡，而你所收获的将远远超过先前失去的那一点。

很多时候，学会在逆境中求生存，学会忍耐，反而会让你避免成为"炮灰"。要知道，那些小人原本就不是生命中多么重要的人，何必与之纠缠不休？轻轻地把他们划入不可交的那一边就够了。

保持沉默是金的态度

俗话说："清者自清，浊者自浊。"面对职场上爱打小报告、散布传闻的小人，保持适当的沉默不失为一种解决方式，你的响应越少，他们可运用的素材也就越少。这样对方就像是一拳打在棉花上一般无力。你要相信，退一步海阔天空，平心静气的人往往能够走得更高、更远。

划清界限

在职场上，有一种人为了突显自己的优越，总是喜欢打压别人，你所说的一切都会被他否决，你提出的任何见解，都会被嘲笑。这样的"小人"着实是团队里的绊脚石，如果不幸与这样的人共事，则千万要记得与这样的人划清界限。但也不用和他们计较太多，否则只会自贬身价。

审时度势，理智对待小人

当你辛苦做了好些天的方案被小人"夺走"，而你又投诉无门的时候，该怎么办？首先，你应该认真思考一下，到底是什么原因让小人有机可乘？是不是自己平时太喜欢相信别人，对什么人都没有一点防备之心？若是如此，就要谨记：千万不能让同样的事再一次发生，正所谓"吃一堑长一智"。其次，你可以通过值得信任的第三方向上司澄清事实，但是在事情没有得到上司肯定之前不要过于"招摇"。好人不能耍手腕，但也绝对不能不使手段。假如上司英明，自然会还你一个公道。

避免与小人商议核心问题

职场上，每个人或多或少都会有自己的隐私或者是相对重要的问题需要得到别人的意见和建议，这时，你就要尽量避免让可怜又可气的小人参与进来，要知道，他们会为了显示自己比别人掌握更多的核心机密而到处显摆，才不会帮你保守秘密。如果你不想把事情搞砸，谨记"为人只说三分话，切莫全抛一片心"这句至理名言，无论什么时候都要对这种人保持缄默，绝对不要和他们商量重要或核心的问题。

择机提醒领导防范卑鄙之人

有些职场小人往往会被领导重用，这种时候，千万不能在领导面前直接述说其无耻之处，否则只会让领导误以为你是在怀疑他的工作能力，有的甚至还会认为你是在嫉妒和吃醋，从而怀疑你的人品，影响你在领导心目中的形象。最好的办法就是选择一个合适的机会，针对某一件没有做好的事情帮助领导分析其中的原因，然后隐约告知领导其人在公司里为人处事的情况，比如，为什么得不到同事的协助，等等，潜移默化地影响领导对其的信任程度。

拒做职场"冷场王",摆脱不会说话的悲哀

在职场中聊天的重要性在于让别人有机会认识我们,也让我们得以了解、熟悉对方,并拉近双方之间的距离。

身处职场,我们经常会因为自己不恰当的说话方式而错失晋升的机会,也会因为一句话说得不够温暖而冷了人心,从而与同事之间筑起了一道"柏林墙"。"话不投机半句多",如果不小心成了职场社交的"冷场王",肯定会相当尴尬。

其实,一个人是否具有人际互动能力,关键在于这个人能否交到朋友,以及彼此是否聊得起来。在当今的职场上,人际互动可以说是一种共通的必备能力。不管从事哪种职业,或多或少都需要具备这种能力,它可以帮助你建立人脉资源,创造合作机会,顺利完成工作目标。

但是很多时候,我们常常会觉得没有话题可聊,有时候特别想认识一个人,也不知道该怎么聊下去?好不容易张口说话了,十之八九会以冷场告终。对此,我们应该怎么做呢?

首先,你需要明白一点:重点不在于说什么,而在于怎么说。同样的一句话,不同的人,不同的境遇,不同的语气语调,说出来的感觉肯定会是不一样的。

其次,不要因为一两次的冷场而怯于开口,要知道,在你想办法挽救尴尬局面的时候,对方很可能也是这么想的。如果你害怕社交、不善言辞,可以

每周认识一位陌生人,专门练习交谈的技巧,这样当你真正需要与人交谈的时候,就可以施展才能。也可以多听脱口秀主持人的节目,尝试记住他们讲话的方式。记住:模仿是最有效的学习方式。

另外,一定要在进行一场谈话之前就先想好话题,这样做不仅能让你不惧害怕冷场,还能给对方留下一个好印象。

下面就介绍一些聊天技巧,可以帮你永远不会冷场。

引导对方聊聊他所遇到的有趣的人和事

引导对方的观点,多听听对方说什么,然后,你再顺藤摸瓜地讲下去,你很可能会惊讶地发现自己竟然如此健谈。要知道,每个人内心都希望得到别人的关注,有人愿意倾听自己的话,所以你要学会做一个倾听者,关注对方所讲的内容,并适时地提出一些问题,这能让对方更喜欢接近你。

引导对方说出他发生的变化

这些变化可能是他瘦了20斤,可能是开车环游中国,也可能是一段不为人知的故事……引导他们说出来,然后你连口都不用开,他们自己就会吧嗒吧嗒地讲个没完。在这个过程中,你最好能由衷地赞美对方几句,这会让对方很愿意继续与你畅聊下去。让每个人和你聊完之后仍然感到很开心,这是一种独特的本领。

引导对方说出对其影响最大的那个人

每个人都喜欢谈论对他们而言重要的人。有了这样一个积极的基调,你们之间的谈话就可以畅通无阻地继续下去了。当然,为了避免你的聊天走进死胡同,你可以多问一些开放性的问题,鼓励你的谈话伙伴分享更多的信息。

引导对方聊一聊他家里的事

对很多人来说,这是一个很好的话题,彼此之间在增进关系的同时,也能在无形中营造温馨的聊天氛围,尤其适用于第一次见面的情况,不用过于掏心掏肺,也不用分享过去沉重的经历。另外,像家乡、旅行、电影、美食、最近读的书、爱好等,也可以作为很好的话题切入点。

此外,一定要表现出对聊天对象的兴趣,毕竟人们都喜欢谈论自己。所以，进行一场很棒的聊天的秘密就是让对方多说话，多分享关于他们自己的信息。如果你能适时地用好奇的眼神示意对方，或者追问"然后呢""接下来呢"，则更能让对方滔滔不绝地创造话题，而且他们会发现你也是一个挺有意思的人，并且喜欢和你待在一起。

永远都不要独自用餐

<u>没有什么东西可以孤立存在，我们也绝不是一个个独行的个人。因此，你要时不时地去跟其他人接触，早餐时间，午餐时间，随便什么时候。</u>

吃饭，可以说是一个人最放松的时候，在饭桌上，彼此之间谈笑风生，谈着谈着就成了朋友，谈着谈着就签了一单生意。事实上，和别人一起吃饭，吃什么不是重点，在哪里吃也不是重点，吃饭这件事本身才是重点，借此时机，努力与别人建立起良好的人际关系。

难怪有人有事没事就喜欢请别人吃饭，好像永远都不想独自用餐。其实，和别人吃饭传达出的意思是，"我喜欢你""我想和你交朋友"。不妨想一想，如果对方没有做过伤害过我们的事情，想必没有人会拒绝这样的朋友，有谁不愿意和喜欢自己、愿意与自己交朋友的人打交道呢？

基思·法拉奇出生于美国宾夕法尼亚州的一个乡村，父亲是一位钢铁厂工人，母亲是清洁工。高中毕业后，他考入耶鲁大学，并获得文学学士学位，之后又在哈佛大学获得了工商管理硕士学位。大学毕业后，基思·法拉奇成为著名的底特律咨询公司的一名员工，之后，他成立了自己的咨询公司，成为业界白手起家的一个典范。据称，当时他是财富500强公司中最年轻的市场总监。

虽然法拉奇是一个来自贫穷家庭的孩子，但是从给人当球童起，他就悟出了人际交往和人脉对成功的重要性。在他看来，一个人除了才华和天赋，任何成功还源于人们在世界中丰富的情感联系。在不到四十岁时，基思·法拉奇就为自己建立了一张庞大的人脉关系网。

基思·法拉奇回忆说："我刚进哈佛商学院时，真的是诚惶诚恐，不敢相信像我这样的穷小子竟然能跻身全美的最高商业学府。不久之后，一个念头始终在我的脑子里浮现：'我身边的这些家伙究竟是凭什么本事进来的？'"

后来，基思·法拉奇在这些人身上发生了一个共通之处：他们各个都善于同陌生人打交道，而且是主动与别人接触。很显然，这样就很容易建立起有效的关系网。然后，利用这些关系网便可以拓展自己的事业，最终促进各方共赢。

这个发现让基思·法拉奇明白了一个道理：成功的道路上，不可能一个人达到顶峰，你需要寻求和得到别人的帮助，你需要有维系自己人脉的意识。

后来，基思·法拉奇慢慢找到了自己的交际方式——请客吃饭。在他看来，如果你总是单独用餐，不搭理别人，那只能说明你与他人格格不入，这种孤立会给你带来非常可怕的后果。为此，他还结合自身经历，特意写了一本《别独自用餐》的畅销书，提醒人们，你要时不时地去跟其他人接触，早晨时间，午餐时间，随便什么时候都可以。

确实，在职场中，我们与同事、领导一起用餐的机会有很多，如果你也有这样的机会，则完全可以和你想结交的同事坐在一起，大家边吃边聊，无形之中就拉近了彼此之间的关系。当然，在你工作业绩出色，拿到绩效奖金，或是职位得到晋升时，更要抓住这些机会，请大家吃饭，既与同事分享了快乐，又表现了你的慷慨大方、热情友好。这是非常好的交际时机，一定能让你赢得他人的好感。

其实，很多时候，不管你是在公司工作，还是参与社区活动，或是在其他什么地方，都要记住这样一个道理：一个人的成功，85%归功于他的人脉关系。一次小小的聚餐，不仅能开启新的关系，还能成为职场友谊的坚固基石。

最关键的那个人,往往是客户

你能够赢得一位客户的信任,就意味着赢得了250个人的信任;反之,如果你得罪了一位客户,也就意味着你可能已经得罪了250个人。

如果你留意那些人缘好的人,则往往会在他们身上发现一个普遍的共同点:他们对任何人都能做到一视同仁,特别是对于自己的客户。许多事实都告诉我们,对你的人脉拓展最为重要的那个人,往往不是你的朋友,而是跟你在谈判桌上斗智斗勇的客户。

乔·吉拉德是一位汽车销售员,他曾创下连续12年平均每天销售6辆汽车的纪录。他之所以能创下这个销售业绩,与其擅长在客户中拓展关系有很大关系。

有一天,乔·吉拉德参加了一个葬礼,他发现了一个现象:参加葬礼的人数一般都是250人左右,于是,他据此想到,在每位客户的背后,也大约站着250个人,这些人也许是他的同事、邻居、亲戚,也许是他的朋友。

根据这个理论,他认为,如果一名销售员能结交好一名客户,很可能就会同时拥有他背后250个人的潜在人脉。相反,如果有两个客户对他的态度感到不满意,很可能就会有500个人不愿意和这个销售员打交道。

受此启发,吉拉德说干就干,每个月他都会给他的客户寄去内容不同的卡片,并在最下面写上一个简单的署名:乔·吉拉德敬上。然而,就是这么一个小小的举动，却让客户感受到他的诚意及对他们的尊敬，很快，乔·吉拉德便拓展并稳定了一大群客户。

乔·吉拉德能取得成功，是因为他对客户给予了足够的重视和体贴。要知道，客户往往不是被你的销售技巧所打动的，而是被你的人格魅力所折服的。所以，用你的人格魅力让客户欣赏你、喜欢你，心甘情愿地与你合作，才是一种投资少而且见效丰的人脉策略。

然而，许多一线从业者却有这样一个经历，当他们因为自己的不礼貌或者冷漠流失一个客户后，往往会遇到更大的损失，开发新客户也变得更加困难。问题并非出在产品的质量或是价格上，而在于你伤害的不是一名客户，而是250个潜在的客户。因此，你要付出更大的代价。

当然，从客户当中拓展和建立自己的人脉时，你也要遵循一些准则：

首先，我们对自己要有一个明确的定位，希望在人脉方面有什么样的需求，这样才能锁定符合自己需求的客户类型。

所有人脉的实质都是互惠互利，当你和客户打交道时，不能只索取自己需要的东西，而不顾对方的利益。只有先付出，才可能有相应的收获。

学会和客户建立"友情链接"，互相介绍业务，让对方从你的人脉库中受益，形成资源的共享，实现共同发展。

很多时候，我们跟客户分享的越多，得到的就越多，为此，你可以跟客户分享知识和想法，也可以跟客户分享利益，让其感受到你的大度和真诚。做到这些，客户才愿意为你介绍更多的关系，拓宽你的关系网。

当你决定与客户建立持久的关系时，坚持是一项不可缺少的品质。拥有足够的耐心和恒心，你才能得到更多的回报和机会。

第11章

在亲密关系中成长
——如何得到你想要的爱人与爱情

人际关系包括温暖浪漫的亲密关系,而男女之间的亲密关系又是能量最大、张力最强、最让人心碎的,但是冲突也是最大的。

男人和女人来自不同的星球

为什么随着时间的推移,爱情的魔力会逐渐减退?为什么曾经相爱的人,最后却在悲伤和痛苦中劳燕分飞?一切只是因为男人和女人来自不同的星球。

关于男人和女人,有着太多的不同:男人的嘴巴天生对女人撒谎,女人的耳朵天生听男人撒谎;男人的眼睛天生用来搜寻女人,女人的眼睛天生用来搜寻虚荣;男人一心放在事业上,女人一心放在男人上;男人为如何生存而思考,女人为怎样漂亮而化妆。

可以说,在男人和女人之间,存在着一场来自不同星球的对话,所以,我们常常会见到大多数男人不能百分百地了解女人,而大多数女人也不能百分百地了解男人,这是一个永恒的真理。

在人际交往方面,男人和女人也存在着较大的差异。女性往往有较多的朋友,尤其是与同性朋友能长久地保持较为亲密的联系,而男性则较少有长期亲密联系的朋友,除了握手之外,他们似乎很少和同伴有任何进一步的接触。

在情感心理上,男女之间的差异则表现得更为明显:女性的情感丰富而细腻,男性的情感较为理性、客观;女性对悲伤、忧愁体会深刻,男性对愤怒、惊恐感受强烈;女性情绪问题多,男性情绪问题少;女性比男性更容易表现出嫉妒、羞怯、惭愧、焦虑等情感;爱一个人的时候,女性大多温柔体贴,男性往往热情如火。

在情感表达方式上,男女也存在着明显的差异。女性总是表现得委婉、

含蓄、含糊、暧昧，喜欢掩饰自己的真实情感。对某人或某事的评价，不是"好"也不是"坏"，没有一个明确的答复——遇到非常喜欢的，不说喜欢；遇到讨厌的，也不说讨厌。其实，这样反倒留给自己很大的选择余地。当女性被男性追求时，女性会躲躲闪闪，这样反而增加了自己的神秘感和吸引力，男性也会更加大胆、热烈地追求，同时这也是考验对方真心的一个机会。

相比而言，男性在情感表达上更喜欢直截了当，而不是兜圈子。他们几乎很少掩饰自己对某人或某事的评价，好就是好，坏就是坏，会做出明确的决断，而不是含糊其词。

可以说，女人天生就是情感动物，感情丰富、细腻，很容易产生各种各样的情感和感受，并擅长用语言将它们描述出来。当男人和女人面对同样的压力时，女人希望与别人交流内心的感受，借谈论来使自己感觉舒服。这是因为在这个过程中，女人体内的催产素会明显增加，从而达到减压的目的。

但是对男人来说，当他感到压力或是难过时，绝不会说出是什么事困扰了他，他只会让自己陷入沉默。除非他真的需要别人的帮忙，否则他只会把自己孤立起来，逐渐变得冷漠、没有反应、心不在焉。如果他暂时不能找到解决问题的方式，则往往会选择做一些事来忘记他的困扰。

不过，由于男人在压力实在很大的时候，无法做到关心和爱护女人，因此，女人就心生怨恨，觉得男人是在有意疏远自己，觉得男人一定有什么不可告人的秘密，结果男人越沉默，女人越觉得自己缺乏安全感。

事实上，男人只是以自己的方式减轻和舒解紧张的情绪，一旦问题得到解决，他便立即回到两性关系上，而女人由于不了解男人是如何处理压力的，结果自己受了委屈不说，还白白伤害了男人。因此，女人面临的最大挑战就是，当男人沉默和独处时，如何恰到好处地支持他。

其实，女人做到这些并不难。首先要克制住自己的好奇心，别去追问男人究竟发生了什么。然后在精神上给予男人鼓励，陪他们一起放松或者给他们独立的空间，帮助男人走出困境。当男人感到自己被关心、被爱的时候，他们的伤口才会逐渐愈合。

爱情是如何开始的

为什么一些人对我们有如此大的吸引力,以至我们愿意与他们长相厮守?很多时候,彼此接近往往能决定我们是否会喜欢上对方。

  首先,请大家认真思考一下:亲密关系是怎样开始的?从心理学的角度来说,关系开始的第一步总是一样的:人与人之间的相互吸引,这种吸引的感觉与真正的爱还不是一回事,所以并不能保证必然会发展成爱情,但是,吸引却开启了发展爱情的可能性。

  那么,为什么一些人对我们有着非常强烈的吸引力,以至于我们情愿和他们长相厮守呢?也许有人会说,当某人具有吸引力时,自己才会被其吸引,但实际情况显然复杂得多。

  不可否认,很多时候,我们会被对方牢牢地吸引住,与其所具有的一些特征有关,但也取决于被吸引人的需要、喜好以及彼此所处的情境。但是有一点是可以肯定的:只有接近,才能喜欢。假如没有接近,一切都无从谈起。

  的确如此,在真实的生活中,当人们彼此接近时,相互之间表现出来的表情、肢体动作,往往会决定我们是否会喜欢上对方。多数情况下,我们的浪漫缘于与周围人的交往。与他人见面不一定会爱上对方,但要爱上一个人,则必须先见到他。

  麻省理工学院曾对住宿生的友谊做过一项调查研究,研究者要求寄宿在公

寓里的三百位学生写出三位他们最亲近的朋友（研究者事先将住宿生随机地分配在17栋公寓楼的不同房间内）。结果显示，学生们写出的朋友居住在不同的房间：隔壁占41%，隔一个房间的占22%，隔两个房间的占16%，隔三个房间的占10%。

由此看来，住宿生成为亲密朋友的机会与他们所住房间的距离有着紧密的关系，而住得较近的人更有可能成为亲密的朋友。其实，实际上的接近更能促进友谊和爱情的产生。我们不妨回忆一下自己的读书生活：从学期开始到学期结束，你认识了哪些人？谁是你的新朋友？令人不可思议的是，你所认识的人和最喜欢的人很有可能就坐在你的附近。也就是说，我们选择了一个将要上学、工作或居住的地方，就意味着我们选择了我们将与之建立亲密关系的人。

那么，为什么接近会有这么重要的作用呢？一种观点认为，当其他条件相同时，相距较近的同伴比相距较远的同伴会更有优势。因为通常来说，与距离较远的伙伴交往，你所花费的时间和精力更少。而且，很多时候，身边的浪漫关系往往比长距离的浪漫关系更令人感到满足。

也许深陷爱河的人会相信，他们的感情基础已经非常稳固了，就算暂时分开一段时间也不会影响他们的感情。实际上，距离往往是爱情的头号敌人，男女之间的物理距离太大，也可能导致心理距离上的疏远。

如果我们与某人相处愉快，当他们在身边时，我们会更喜欢他们。但是，别忘了我们也应明白物极必反的道理，如果他们令我们感到厌烦，则接近很可能会让事情变得更糟。无数事实证明，虽然接近能使彼此之间的交往成为可能，但是并不能保证关系的发展就能如你所愿。我们很容易被周围的人所吸引，但如果我们与他们交往得不愉快，我们又怎么会喜欢上对方呢？

爱情是最浪漫的事？瞎扯

爱情是人生中快乐的源泉，也是痛苦的源泉，但是为了不让我们的爱情最终发展成为悲剧，一定要警惕爱情中的危险教条。

爱情是生命中最重要的事情，也是最难把握的。很多时候，我们很容易会不信任自己的感觉，而去信赖一些教条。事实上，很多看似正确的教条很可能暗藏着危险，因为这些教条本身就是片面的，甚至是错误的。

一个人越爱对方，就会对那个人越好

在爱情面前，我们总觉得一个人越爱对方，就会对那个人越好。事实真的如此吗？虽然这是关于爱情的最普遍的教条之一，但也是危害最大的教条之一。

为什么这么说呢？首先，让我们回答这样一个问题：是什么决定了我们与各种人的关系？答案就是我们内在的关系模式，在这个基础上，形成了我们外在的人际关系。这个内在的关系模式又是从何而来的呢？就是从我们童年与父母等重要养育者的关系中来的。

我们对社会的种种理解和感觉，其实并非是走入社会后才形成的，而是早就存在于我们心中，因为在我们年少时，父母早已把这样的思想潜移默化地灌输到我们的思维里。比如说，如果父母的内心世界是黑暗的，只有利益之争，那么他们的孩子日后也势必会走上同样的道路；但是如果父母的内心世界是单纯、温暖的，即使与他们共事的人精于算计，他们的孩子日后遇到同样精于算计的人时，内心照样会充满信任和善意，从而能把关系处理得简单、轻松，同

时社会也会处处给予他们方便。

可以说，在每个人的心里，都住着一个"内在的父母"和一个"内在的小孩"，我们所有重要的外部关系，都是我们的内在关系模式投射的结果。

让我们回到开篇提到的那个爱情教条，假若一个人的"内在的父母"与"内在的小孩"的关系是和谐的、相爱的，那么，这个人越爱你，就会对你越好。但是，假若一个人的"内在的父母"与"内在的小孩"的关系是病态的，甚至是仇恨的，那么，这个人越爱你，就会对你越糟糕。我们有时会看到男子杀死自己的爱人的新闻，便是这种病态关系发展的结果。

当然，大多数人的内在关系模式是既有爱，又有恨，既有和谐的一面，也有对立的一面。于是，大多数人的爱情是爱恨交织的。为此，我们一定要看到爱情美好的一面，否则很容易会对爱情产生失望心理。

年龄越大，越懂得关爱

很多人认为，一个人的年龄越大，越懂得关爱。其实，爱的能力和年龄的关系并不大。一个懂得爱的人，会一直懂得爱；而一个不懂得爱的人，很可能会一直不懂得爱。如果一个人的内心是和谐的，就会愿意自省，随着其年龄的增长，会越来越懂得爱。相反，如果一个人的内心是冲突、激烈的，对他而言，尽管年龄越长，但是爱的能力可能反而越差，因为他从内心里是非常抵触反省的。

对朋友越好，对你越好

一直以来，很多人认为要想看清一个人，可以借鉴他与朋友或同事的关系。然而，我们却经常看到这样一个现象：许多人对配偶和孩子冷漠，对外人却很亲热。因为一个人在处理与朋友或同事的关系时，可以较好地运用理性，能够很好地控制自己的情绪，但是，在深度的情侣关系中，没有谁愿意控制自己的情绪。所以，如果一个人对外人很好，但是和亲人的关系却充满冲突，可以说，这个人的内心是存在问题的，并且改起来也相当不容易。

受过伤的人，会更懂得珍惜

很多男性或女性在发展新的恋情时，往往会将自己以前的感情描绘得很糟糕，于是对方多数都会被触动，心想：既然他/她已经受过伤了，那么一定会更加懂得珍惜现在的感情，珍惜自己。

然而，倾听者却忘记了一点，倾诉者是自由恋爱，以前的恋人是他们的自由选择，他们至少也应该为自己的选择负有一半的责任。但很多时候，许多人都拒绝反省，拒绝改变自己，以致总在同一个地方摔跤。所以，如果追求你的人，以前的感情生活是一团糟，那么你和他的前景极有可能也是一团糟。

有付出，一定会有回报

在现实生活中，我们经常会看到那些为了爱不顾一切的人，可是到头来收获了怎样的爱情呢？越付出，越没有回报。其实，有这种想法的人，是一种很自恋的人。他们只是自顾自地付出，没有做到站在对方的角度，设身处地地为对方做考虑。他们的付出是自己的需要，却未必是恋人的需要。

而且在感情生活中，那些一味付出，对恋人没有丝毫要求的做法有时还隐含着另一层信息——既然我已经做得这么完美，那么我就是问心无愧的，如果我们的关系出现什么问题，那一定不是我的责任，而是你的责任。其实，那些在爱情中一味地扮演绝对付出的人，才应该好好反省一下，想一想自己追求的究竟是什么。

性格迥异的两个人该如何相处

这个世界没有不发生矛盾的亲密关系，只有懂得解决矛盾的伴侣。即使是性格不同，只要有爱，就会有甜蜜的生活。

在很多亲密关系中，我们经常会看到这样的场面：一个普通的玩笑演变成了双方激烈的争执；自己心里想要什么，对方居然一点都猜不出来；自己做什么事情，都感觉对方在跟自己唱反调……在亲密关系中，两个人由于性格不合，经常争吵不休的事情总是时有发生，很多人甚至一度怀疑自己当初怎么会跟这样一个人走到一起。其实，男女之间近距离相处的时候，最容易引发冲突的就是性格。

让我们做这样一个假设，如果丈夫是个急性子，妻子却是个慢性子，这样的两个人生活在一起会发生什么？想必急性子的丈夫看到不慌不忙的妻子，一定会急躁不安，而慢性子的妻子更是看不惯对什么事都心急火燎的丈夫。

如果你是慢性子的人，却嫁给了一位性格急躁的丈夫，若是完全按自己的性格任性地生活，免不了要闹得夫妻关系很紧张，尤其是在夫妻之间发生矛盾的时候，子女也会产生心理上的不安，长大以后，他们会让父母感觉更头疼。

那么，怎样才能避免性格迥异的两个人相处时所带来的麻烦呢？对于女方而言，一个不错的方法就是学会妥协。或许很多人会说急性子的人一点都不好相处，何谈妥协？其实不然。回忆一下，你见过急性子的人骗过人吗？恐怕很少。因为这种人的心事全都写在脸上了，一眼就能看穿他的心，所以，你可以放心大胆地和急性子的人谈情说爱，他们往往不会欺骗你的感情。

有了这个基础，下次遇到对方再大声嚷嚷时，你只需要在他的旁边随声附和几句，很多时候，一句简单的"是的，我明白了"，对方很可能就不会再吵吵嚷嚷了。尤其是丈夫因为别人的事情大发雷霆的时候，妻子就更应该妥协了。要知道，感情中最好的幸福，就是有人愿意为你放低底线，包容你的坏脾气。

当另一半的情绪有所平静，你再静静地走到他的身边，关心地问一句："亲爱的，你刚才是怎么回事？"不过，一定要在伴侣的情绪平静了以后再问，对方气急败坏的时候千万不行，那样只会让沟通变成责备，让对方孤立无援，让矛盾愈演愈烈。一味地针锋相对只会将矛盾推向死角。

当然，你也不要一厢情愿地琢磨如何改变对方的倔强性格。很多时候，越是在亲密关系中，我们越是会"理所应当"地干预别人的生活，总觉得自己认为正确的就一定是正确的，别人不按自己所说的做，就不愿意做出妥协，这样只会伤害两个人的关系。

在现实生活中，很多亲密关系中的两个人总是习惯从自身的角度考虑问题，不愿做出妥协，往往觉得对方才是错的。其实，任何事情都没有绝对的对与错，爱情也一样，不能讲对错。更何况，这仅仅是对方的性格而已，就像沉重的石头一定会坠落一样，我们连自己的性格都改变不了，又怎么可能改变别人的性格呢？

真正的爱是需要经常考虑对方的需求的，就是说要经常站在对方的角度来考虑问题，这意味着，我们要学会放弃一些自己的标准和目标，向对方靠拢。当两个人都妥协到了一定程度以后，生活也就少了一些争执。更重要的是，在日渐增加的亲密中，才会有更多的东西可以彼此分享。

对于男方而言，切不可因为了解，因为"不拿对方当外人"，而常常忘记克制自己的情绪，也忽略了自己的过激反应会给对方带来的伤害。你所能做的就是充分理解、尊重和接纳对方的选择。

婚姻,就是一种亲密关系

在婚姻这座城堡里,我们都希望被别人服侍而不愿侍候别人。事实上,美好的婚姻应该是相互滋养的。

随着婚礼的结束,你和另一半的婚姻关系便由此开始,亲密感也随即建立。理想地说,处于婚姻关系中的两个人应该把"我们"挂在嘴边,而不是把"你""我"挂在嘴边。如果一方仍旧我行我素,那么只能被视作已婚的单身者。

进一步说,在这段亲密关系中,夫妻双方都要做到对彼此真诚,甚至包括向对方坦陈自己的脆弱之处。可以说,在此基础上培养起来的亲密感,好比小提琴演奏。要知道,任何美妙的乐曲都并非来自一根琴弦,而是不同琴弦与不同指法的相互配合。

说到亲密行为,想必很多人最先想到的莫过于两性肉体上的结合。实际上,身体上的亲密不仅包括肉体上的结合,更包括感情上的结合,而身体上的亲密更需要以感情上的亲密为基础。

然而,在现实生活中,伴侣中的一方从不主动向另一半敞开心扉的例子比比皆是,这样的话,亲密关系也就很难有进一步的发展。的确,婚姻缺乏感情上的亲密是不幸的,关于这一点,一位知名的两性情感作家曾这样写道:

人们为了避免情感上受到挫折,避免来自外界的压力与伤害,往往会把自己封闭起来,拒绝和别人联络感情,也不欢迎来访者。这种感觉就像住在中世纪的城堡里一样，将自己躲在高高的城墙后面。

事实上，这些人的内心是非常孤独的。试想一下，一个人日复一日地守着空荡荡的城堡，把自己禁锢起来，这种日子跟囚犯又有什么区别。其实，任何人都需要被人爱。但是城墙太高，出不去也进不来。

不过，现实情况往往是，女人更注重感情上的亲密，而男人对肉体的亲密更感兴趣。其实，如果夫妻双方能够理解并体验对方的感受，那么，他们离真正的亲密无间也就不远了。

婚姻关系，从另一个角度来看，其实就是一种亲密关系，是两个人的情感能量通畅流动的状态。为什么叫亲密关系，而不是责任关系、付出关系或是义务关系呢？顾名思义，为了维系一段亲密关系，最重要的是要有亲密感。有了亲密感，婚姻才能维持下去；没有亲密感，婚姻只能默默忍受现状或无数次的争吵，甚至面临离婚或出轨的不幸结局。

其实，从"亲密"的英文"intimacy"便可看出一二。"intimacy"在拉丁文中是"内心深处"的意思，也就是说，处于亲密关系中的两个人需要互相关心、互相负责、互相信任，坦诚地交流感情，即便遭遇情感波折也要毫无保留地向对方倾诉。所以，为了建立这种亲密感，彼此之间要敢于暴露自己的脆弱，当然前提一定是有足够的安全感。

也许不少人会说，两个人既然结了婚，那么日久天长自然会变得亲密无间，然而，在我们身边总是不乏成双成对的新人变成"陌生人"的故事。不妨问问那些结婚多年，但是仍然感觉孤独的夫妻，你总会听到这样的声音："我们看似在同一所房子里住着，在同一张饭桌上吃饭，在同一张床上睡觉，可是，我们却形同陌路。""这简直令人无语，即使我和爱人一起共度周末，我还是觉得孤独。我想我的配偶在某种程度上更喜欢一个人生活。"

的确，对许多步入婚姻殿堂的人而言，这种"亲密的陌生人"实在令人伤心。我们所说的亲密感并非自发产生的，而是需要靠交流来创造和维持，夫妻双方只有通过深层次的交流，才能增进彼此之间的了解。

用尊重获得爱，用爱获得尊重

真正和谐美满的两性关系，需要彼此不断改变，不断好好练习，然后，再一次又一次地爱上彼此。

在婚礼的殿堂上，我们经常会听到这句熟悉的婚礼仪式用语："从此以后，不论贫穷或富有、疾病或健康，我们都会彼此相爱，一直到死亡的那一天。"然而，在此后的生活中，我们却发现这句誓言并不可信。

或许此时此刻就有无数男女正在为某事而争吵、伤心。曾经如胶似漆的两个人经常会陷入相互指责、挑剔、争吵的"怪圈"，于是，女人不由得发出这样的感慨："为什么他不像我爱他那样爱我？"男人更是百思莫解："为什么她总是轻易地蔑视我，不顾及我的感受？"

其实，很多婚姻关系之所以没有维系下去，往往是因为我们忽视了双方的天然需求——男人天生需要尊重，女人天生需要爱。

这是杰克和珍妮结婚后的第二个圣诞节，珍妮特意为杰克买了一件西装外套。杰克只是打开包装盒，拿起外套看了看，然后说了句"谢谢"，就专心读他的小说去了。

"亲爱的，你不喜欢我买的外套吗？"珍妮问道。

杰克听了，疑惑地抬起头，看着珍妮，赶忙说："我当然喜欢喽。"

可是，珍妮却直截了当地说："不，你不喜欢。我看得出来，你一点都不兴奋。"

对珍妮的回答，杰克感到很吃惊，只好再次认真地说了一遍："我是真的喜欢。"

可是，珍妮仍然表现得非常激动，当即回驳了他："不，你根本就不喜欢。如果你喜欢，你一定会表现得很兴奋，很开心，说很多赞美我的话，可是你却没有这么做。你还是跟以前一样，只在意自己感兴趣的事情，从来都没有考虑过别人的感受。马上就要过圣诞节了，这是多么特殊的节日啊！我觉得我们应该庆祝一下，而你从来都是一个冷冰冰的人。"

在这件事情上，珍妮认为杰克不懂得珍惜她为他所做的，不懂她的用心，于是对杰克一通指责与挑剔，而杰克还觉得自己受了委屈，对珍妮过激的反应也是一脸惘然。

珍妮之所以感到很失落，是觉得自己感受不到对方的爱，因为当她被一件事情感动时，往往会习惯性地反复表达自己的谢意。可是，相比珍妮，杰克却不擅长说太多的感激之词，他只会转移自己的注意力。为此，懊恼不已的杰克还这样跟朋友抱怨说："我知道珍妮很爱我，可是，当她说我对她的礼物没有一点热情时，我似乎感觉到她并不真正喜欢原来的我。"

看得出，这段亲密关系中的两个人都没有把各自的想法说出来，而是闷在心里——一个未感受到爱，一个未感受到尊重。试想一下，生活在同一个屋檐下的两个人，彼此却不了解对方的心，这是多么遗憾的事情。更可悲的是，这样的两个人还不懂得试图通过对话去理解彼此，当然也就无法做出对方期待的事情，并且因为不了解彼此的心思，而滋生指责和埋怨。

真正的爱应该是理解和尊重。只有认可对方，站在对方的角度去爱、去理解，这样的感情才能称之为爱。如果彼此之间存在着这样的爱，无论中间发生什么，他们都能做到真正的理解，完全相信自己的另一半。

夫妻之间最大的矛盾是什么？权力

夫妻之间、恋人之间有矛盾，吵架是很正常的事情，而如何化解矛盾，怎样和解，才是关键所在。

吵架，应该是亲密关系中最常见的一种现象，大多数情侣或是夫妻之间，吵架就像家常便饭一样。在有些关系中，两个人越吵越甜蜜，越吵越幸福；而在有些关系中，两个人越吵越伤心，越吵越冷漠，最终各奔东西。

谁不希望拥有和谐美满的亲密关系？谁不希望有话可以好好说？可是，偏偏有些时候，我们爱的能力会莫名其妙地卡住——本来是一些鸡毛蒜皮的小事，结果说着说着，问题就升级了，情绪来了，矛盾来了，不但原本的事情没有解决，还牵扯出一大堆问题，生了气不说，还伤了感情。难道两个人相处得久了，就对对方平时的各种习惯看不顺眼了？

或许有人会说，快乐的伴侣一定是不吵架的搭档，彼此相敬如宾。研究发现，那些自称从不吵架的伴侣，尽管在短时间内对亲密关系的满意度比一般人高，可是三五年过后，这些人的亲密满意度并不比那些把问题吵开的伴侣高。一个原因就是，他们一直压抑着对彼此的不满，这样反而不利于亲密关系的维持。

其实，任何关系中都会出现一些问题，夫妻之间、恋人之间有矛盾，吵架也是正常的。然而，有了问题就要及时地沟通、交流，如何化解矛盾，怎样和解，才是关键所在。

让我们举一个例子：丈夫要妻子做一件事，结果妻子忘了，或是没有按照丈夫的意思去做，丈夫便气不打一处来，之后的几天只要想起这件事就唠叨个没完，直到有一天，妻子按照他的意思去做了，他才停止唠叨和愤怒。

也许很多人觉得不解：这本来是一件很小的事情，为什么会引起那么大的情绪呢？在这件事情上，丈夫之所以情绪大变，是因为他的意志没有得以实施。他希望妻子按照他的想法去行事，但是妻子没有做到，他因此情绪失控。这其实就是不折不扣的权力欲望，也可以说是强烈的控制欲望在作怪，千方百计地想要将自己的意志强加在别人头上，自然会使对方产生抵触情绪。

事实上，我们总是本能地喜欢将自己的意志强加在别人头上，这就是权力。这里所说的权力绝不仅仅是政治斗争或公司竞争的产物，而是存在于一切人际关系中，最亲密的情侣关系也不例外，甚至关系越亲密，权力斗争越激烈。

因此，我们得出的结论是：吵架可能有利于亲密关系的稳定。但重点是，我们要善于处理争执，让温情弥漫。

我们应该对自己的一切言行、选择、态度以及情绪负责。要知道，但凡心智健全的个人，无论出于何种理由，都不应该把自己大喊大叫的行为归咎于伴侣，也不应该说出不负责的话。因为在阻止亲密关系恶化的过程中，每个人都有可能起到重要的作用。而一时的冲动很可能会导致争吵无休止地发展下去。

相反，如果你在内心深处渴望与伴侣建立和谐的亲密关系，自然能做到心平气和、乐观豁达地看待对方，即使你下意识地认识到自己的情绪反应可能会对婚姻造成某种影响，也不失为一个好消息。

那么，在亲密关系中，我们如何处理争执呢？

学会正确的表达方式

有效沟通的基础是坦诚，也就是真实地表达自己的感受。为此，我们需要真实感受自己对伴侣的期待或者情感需求。例如："你在你的朋友面前说我太胖，这让我感觉很不舒服，我觉得我的自尊心受到了伤害，我需要感受到你对我的尊重。"相信你的伴侣在听到这样的话后，一定会反省自己的错误，及时提醒自己不再犯同样的错误。

就事论事，关注眼前的问题

为了平息吵架风波，一定要就事论事，针对眼前的问题与伴侣心平气和地交流，不要把吵架原因扯到生活中的其他方面，使事情失去控制。这样，伴侣才会愿意静下心来与你进行一次良好的沟通，两个人之间的感情也才能更加亲密。

不要指责对方，更不要笼统地指责对方

指责是一种攻击，更是一种语言暴力，它对于维护亲密关系没有任何好处，而且还会使分歧演变成两个人之间的"战争"。所以，为了避免对亲密关系产生消极影响，不能只要求对方道歉认错，自己也要反省。另外，如果对方的情绪确实比较激动，那就选择双方都心平气和的时间再去沟通。

学会用幽默的方式去妥协

在亲密关系中，幽默也是解决争执的一味良方。研究发现，快乐幸福的伴侣通常会用一些富有幽默感的方法来降降彼此的火气，例如做鬼脸、吐舌头、说一些只有你们俩听得懂的悄悄话。所以，为了避免"战火"继续扩大，在争吵升温前，不妨先用幽默的方式让彼此的情绪冷静下来。

当然，最重要的一点是，要关心伴侣的需要。要知道，决定一段亲密关系是否稳定、快乐的基本前提就是知道伴侣的需求，这和知道自己的需求同等重要。因为两个人是无法分割的整体，只有在互相协调的过程中，你才会清楚伴侣是否在意你的感受、关心你的想法，并且愿意积极地改变。为此，只有满足彼此的需要，才能找到属于你们的幸福。

沟通——与他/她相处的终极策略

为了处理好我们与伴侣之间的关系，需要用适合两个人的沟通方式，多谈一谈自己的感受，这比辩解、揣测、评价要好得多。

在亲密关系中，很多人经常抱怨说："我无法理解我的另一半到底是怎么想的。"之所以会出现这种局面，往往是因为当事人无法做到恰如其分地去理解对方。换句话说，不能设身处地地站在对方的角度考虑问题，理解对方的感受。

有一对结婚刚半年的小两口，婚前，丈夫会经常陪妻子逛内衣店，对妻子喜欢的内衣，从品牌、号码到颜色都了如指掌。为此，妻子经常在女朋友面前夸耀丈夫，说她找到了一个既爱她又细腻的好男人。但是结婚半年后，问题就来了。

有一次，妻子在电话里叮嘱丈夫帮她买内衣，电话那头的丈夫也答应了。但是妻子回到家却没看到内衣，问丈夫是怎么回事，对方轻描淡写地说了一句："对不起，忘了。"

第二天，丈夫还是未能帮妻子办好这件事。妻子愤怒地对丈夫说："如果你总是记不住，我自己买好了。"

"那你就自己去买好了。"丈夫脱口而出。

当天晚上，妻子躺在床上，越想越生气，她起身懊恼地对丈夫说："你要是不想买，干吗不早说？"

"为什么非要我帮你呢?"丈夫追问。

"我以前的内衣都是你买的啊!"妻子似乎也很在理。

"但是你有没有想过,哪个大老爷们喜欢给女人买这些东西?"丈夫说得也很委屈。

"好了,都是我让你买的。可是,既然你不想买,为什么不早点告诉我?"妻子回答道。

"我是怕你不高兴,怕你生气啊。"丈夫一脸无奈。

在这个故事中,丈夫帮妻子买过几次内衣,妻子就想当然地认为"他喜欢这么做"。可是,事实真的是这样吗?原来丈夫只是怕妻子不高兴才这么做的。

很多时候,我们总是习惯性地从自身的角度出发,去推测、揣摩、评价,甚至是抨击另一个人,却完全忘记了,对方也有自己思考问题的角度——一个完全不同于自己的角度。

也许有人会说:"作为最亲密的伴侣,我自然非常了解我的另一半。他一张嘴,我就知道他想说什么。"但是,我们只知道伴侣"说什么",却从未认真地理解伴侣说这些话时的感受。

在一件事情面前,对方感受如何,这才是问题的关键。我们要永远记住,感受的沟通在亲密关系中是最重要的。很多时候,最亲密的两个人之所以很难理解对方,甚至存在误解,关键原因就在于我们没能设身处地地去理解和接受对方的感受。

我们看别人的事情,往往只是看到了表象,而不是事实。对于亲密关系来讲,这是最糟糕的事情了。所以,如果你渴望理解对方,期待关系更加亲密,就必须学会放下你的视角,尝试进入对方的视角,这是抵达理解的唯一途径。

可以这么说,我们应该进化我们爱的方式,重视伴侣的心理需求。你始终要记住,亲密关系的一个重要价值就在于交流,并且相互理解和接受彼此的感受。

为了他/她,你可以再亲切一点

当我们的情绪再一次错位时,请少一些责备,多一些爱和理解,并把它视为一个学习如何去爱的机会。

在现实生活中,我们经常会遇到很多情绪错位的情侣或夫妻,他们的婚恋之所以出问题,往往是因为不知道怎么处理这种情绪错位。

有一次,娜娜和大卫去江南的某个小镇旅行,两个人住在当地的一家民宿里,那是一个漂亮露天的院子,院子里还有一个别致的玻璃房餐厅,透过餐厅的玻璃可以看到外面的风景。恰巧刚到的那一天,天空下着小雨,远处的山峦烟雨蒙蒙,很有诗意。

吃过早饭后,大卫想和娜娜一起坐在餐厅欣赏外面的风景。而娜娜当时根本没有心情,因为前一天晚上娜娜睡觉受凉了,肠胃有点不适,正闹肚子呢,只想上卫生间,所以娜娜没有理会大卫的要求,说了一句"我要上厕所",就自己一个人匆匆地回房间了。

等娜娜回来后,想和大卫看风景,大卫的脸色却变得很不好看,他愤愤地说:"我已经没心情看风景了。"

我们常说情绪是一件很玄的东西,说来就来,有时候一触即发,有时候莫名其妙。可是,在现实生活中,人与人之间的情绪经常是不同步的、错位的。

比如，当你心花怒放地想和对方分享一个好消息时，对方很可能正为某件事沮丧着；当你情绪低落，不想说话时，对方却一副和颜悦色的表情，拉着你唠吧唠……

更糟糕的是，在这种不对等的情绪下，人更容易受伤。比如，你写了一篇文章，感觉不错，特别想和伴侣分享一下，但是他却只顾低头玩手机，漫不经心地敷衍了一声"嗯"，你顿时感觉心里难受得不得了，一种强烈的失落感涌了上来。

从现实状况来看，婚恋出问题的原因往往在于当事人不知道怎么处理这种情绪错位的问题，一旦出了问题，他们只会猜测对方对自己不在乎、不关心、不理解，让彼此都在情绪中很受伤。结果，矛盾越久，情绪错位现象越多，消极理解也就越多，两个人的感情损耗就越严重，有的甚至积怨深重，让亲密关系走向破裂。

那么，我们该如何处理这种情绪错位的情况呢？

用智慧的方式表达自己的情绪和想法

当你和伴侣发生情绪错位时，要懂得及时沟通，用智慧的方式表达自己的情绪和想法。让我们试想一下，假如一方兴致勃勃地想拉着你看美景，而你却不理会，匆匆掉头就走，谁的脸色会好看呢？

其实，如果前面案例中的娜娜当时能如实地告诉大卫自己的想法："亲爱的，我肚子痛，等我去完卫生间回来，再和你看风景。"或许大卫就能更好地明白她，理解她，也许还会更加关心她，耐心地等她回来，而不是像他之前以为的那样，娜娜是在拒绝他、冷落他，结果两个人的情绪都变得很低落。

切记，一定要就事论事，尽量陈述事实或者你自己的情绪，而不要去指责和批评对方。比如，你在工作上出了一点问题，被老板批评了，情绪很失落，你可以这么对伴侣说："我在工作上遇到了困难，情绪很差，我希望你能安慰我、支持我，给我一点建议，帮我分析一下，我应该怎么做，怎么改进自己。"而不应该这样说："你这人怎么这样？一点都不理解我，烦死了，不和你说了！"事实上，只要你的表达方式是温和的，就不容易激起伴侣的负面情绪，甚至是回以愤怒地攻击，导致沟通陷入相互指责的泥潭中。

学会倾听和理解对方

如果你的伴侣正处在负面情绪中，你要学会倾听和理解对方。如果你的回应方式不恰当，很可能会让对方的情绪陷入更糟糕的地步；但是如果你的反应是积极的，站在对方的角度考虑问题，伴侣说不准很快就会摆脱消极情绪。

如果你的伴侣正在表达他的负面情绪，作为接收方，你不妨这么做：接纳对方的情绪和感受，允许对方表达出自己的情绪，而不是逃避；耐心地倾听，并提一些开放性的问题，如"你是怎么想的？""你感觉怎么样？"等类；试着去理解对方的感受，而不是急着给出自己的建议或是提出问题的解决方法；当对方因某事和别人发生矛盾或者冲突时，不要急着评理，而是坚定地站在对方的一边，让其感受到你的支持，等情绪稳定后，再谈问题如何解决。

总之，请记住：感受对方的情绪和观点，积极地关心对方，回应对方，这一点非常重要。

接纳和宽容伴侣

事实上，就算是情绪相对稳定和成熟的伴侣，也会有情绪错位的时候。所以，你要明白，在现实生活中，情绪错位是常有的事。这就意味着为了拥有美满幸福的亲密关系，需要彼此用善意、宽容、信任、爱这些"土壤"用心地去经营。

这些字眼不应该成为一句空话，而是应该渗透到我们日常生活中的每一件小事里。就像诗人里尔克所说的："爱是一件美好的事情，但爱也是艰难的。一个人去爱另一个人，是神给予我们最艰难、最重大的任务，所以一切都还刚刚开始的年轻人一定要认真地学习如何去爱。"这样就算亲密关系中出现情绪错位的现象，彼此也会看到更积极的一面，因为是爱支撑我们做出更加积极的回应。

附录 APPENDIX

小测试1：你是哪种人际交往类型

每一个人因成长与发展环境的不同，都存在着自己独特的人格形态，并依此偏好的行为模式与价值取向来处理人际关系。因此，我们有必要了解一下自己的人际交往类型，这样才能扬长避短。下面请对下列问题做出"是"或"否"的选择。

1. 碰到熟人时我会主动打招呼。
2. 我常主动发消息给友人以表达思念之情。
3. 旅行时我常与不相识的人闲谈。
4. 有朋友来访，我从内心里感到高兴。
5. 没有人引见时，我很少主动与陌生人谈话。
6. 我喜欢在群体中发表自己的见解。
7. 我同情弱者。
8. 我喜欢给别人出主意。
9. 我做事总喜欢有人陪。
10. 我很容易被朋友说服。
11. 我总是很注意自己的仪表。
12. 如果约会迟到，我会长时间感到不安。

13. 我很少与异性交往。
14. 我到朋友家做客从不会感到不自在。
15. 与朋友一起乘公共汽车时，我不在乎谁买票。
16. 我给朋友发消息时常诉说自己最近的烦恼。
17. 我常能交上新的知心朋友。
18. 我喜欢与有独特之处的人交往。
19. 我觉得随便暴露自己的内心世界是很危险的事。
20. 我对发表意见很慎重。

测试说明：

第1、2、3、4、6、7、8、9、10、11、12、13、16、17、18题答"是"记1分，答"否"不记分；第5、14、15、19、20题答"否"记1分，答"是"不记分。

结果分析：

1~5题：得分高的人在人际交往中总是采取积极主动的方式，擅长处理复杂的人际关系，适合从事教师、推销员等职业；得分低的人在社交中总采取消极、被动的退缩方式，适合从事机械师、电工等职业。

6~10题：得分高的人有强烈的支配和命令别人的欲望，在职业上倾向于管理人员、工程师、作家等职业；得分低的人大多谦卑、温顺，惯于服从，不喜欢支配和控制别人，适合从事需要按照既定要求工作，同时又比较刻板的职业，如办公室文员等。

11~15题：得分高的人有很强的责任心，做事细心周到，适合从事警察、业务主管、社团领袖等工作；得分低的人则较为随意，适合从事艺术家、社会工作者、社会科学家、记者等职业。

16~20题：得分高的人偏于开放型，适应环境的能力很强，易与他人相处，适合从事会计、机械师、空中小姐、服务员等职业；得分低的人倾向于闭锁型，适合从事的职业有编辑、艺术家、科研工作者等。

小测试2：你擅长处理人际纠纷吗

人心本就难以揣测，职场中的世界就更难懂了。在职场中，一个人稍不小心，就有可能得罪了别人。因此，处理好人际关系是职场上不得不学的一门课程。想知道你是否擅长处理人际关系吗？一起做做下面这个小测试吧！

如果有人要找你麻烦，你一般会怎么应对呢？

A. 向对方赔罪，息事宁人。

B. 跟对方据理力争，不惜动武。

C. 以低姿态向对方解释这是一场误会。

D. 拔腿就跑。

结果分析：

选择A：你对自己的人际关系缺乏自信，是那种挨打也不吭声的人。当面对危险时，你往往会向对方赔罪，是因为你对自己的实力没有把握。其实，如果你有信心、有实力，你就不会低声下气、息事宁人了。

选择B：不管对方的实力有多强，你对自己的实力一定相当有信心。因为你很自信，所以你会理直气壮、大胆地跟对方据理力争。就算不能有个结论，你也会和对方来个硬碰硬，明确告诉对方：你是不可侵犯的。其实，在现实生活中，有很多纠纷是可以不用暴力就能解决的，你最好不要诉诸武力，否则，问题有可能会越来越大。

选择C：你很懂得如何化解人际纠纷，而且最主要的，你也是不轻易委曲求全、随便为了要逃命就向人赔罪的人。对方若是发现自己不在理，就会减弱自己的气势。这时候，什么矛盾都比较好解决了。

选择D：拔腿就跑只是你想逃避问题的一种表现，不过，这样极有可能会助长对方的气势。其实，你不善于处理人际关系，主要是因为你对自己的人际关系缺乏信心，所以才会有很大的焦虑和不安。